金融投资
400年
投资者必读金融理财宝典

［英］查尔斯·马凯　　［荷］约瑟夫·德·拉·维加◎著

江月◎译

History of
Financial Investment

中国水利水电出版社
www.waterpub.com.cn

·北京·

内 容 提 要

本书是一部内容翔实、案例生动的金融投资类通俗读物，集合了两部投资经典著作《惊人的幻觉和大众的疯狂》和《困惑之惑》。前者通过密西西比计划、荷兰郁金香狂潮和南海泡沫事件，描绘了深陷于投机狂潮中的人们的疯狂举动；后者以对话的形式，将交易所里价格涨跌动因、投机原则、经纪人贪婪的原因及空头的花招等一一予以揭露，全面展示了"一段关于经济、理财与金融创新的精彩历史"。

图书在版编目（ＣＩＰ）数据

金融投资400年：投资者必读金融理财宝典 ／（英）查尔斯·马凯，（荷）约瑟夫·德·拉·维加著；江月译. -- 北京：中国水利水电出版社，2020.10
　　ISBN 978-7-5170-8809-7

　　Ⅰ．①金… Ⅱ．①查… ②约… ③江… Ⅲ．①金融投资—通俗读物 Ⅳ．①F830.59-49

中国版本图书馆CIP数据核字(2020)第160133号

书　　名	金融投资400年：投资者必读金融理财宝典 JINRONG TOUZI SIBAI NIAN：TOUZIZHE BIDU JINRONG LICAI BAODIAN
作　　者	[英] 查尔斯·马凯　[荷] 约瑟夫·德·拉·维加 著 江月 译
出版发行	中国水利水电出版社 （北京市海淀区玉渊潭南路1号D座　100038） 网址：www.waterpub.com.cn E-mail：sales@waterpub.com.cn 电话：（010）68367658（营销中心）
经　　售	北京科水图书销售中心（零售） 电话：（010）88383994、63202643、68545874 全国各地新华书店和相关出版物销售网点
排　　版	北京水利万物传媒有限公司
印　　刷	朗翔印刷（天津）有限公司
规　　格	146mm×210mm　32开本　8.25印张　191千字
版　　次	2020年10月第1版　2020年10月第1次印刷
定　　价	68.00元

目　录

困惑之惑

惊人的幻觉和大众的疯狂

[英]查尔斯·马凯

导　言

　　我之所以写下下面的文字，目的在于，搜集那些最引人注目的精神上的流行病的案例，并分析其产生的原因。而这些如同瘟疫一般的流行病爆发的原因，各自之间并不相同，或是由于此种因素，或是由于彼种因素。

　　而且，我之所以写下这些文字，还在于，想将以下观点向世人展示和说明：群众是十分容易被误导的，人类是非常喜欢模仿他人的言行举止的，也是非常喜欢"随大流"的，就算是头脑发热时和违法犯罪时，也是这样。

　　对于读者们来说，以下，我将要介绍的一些内容或许十分熟悉，甚至可以说耳熟能详。不过，我希望，纵然是此类事件，依旧可以让读者从中找到足够多的新颖的细节。并且，我希望将它们用一种易于接受且通俗易懂的方式呈现出来。

　　当然，我为了在本书中对此类问题进行公正的分析、处理，因此，某些细节必然要被提及。相比出自其他任何地方的资料，本书对于南海泡沫和密西西比幻想的回忆更为详尽和丰富多彩。

　　群众的幻觉发展历史不但开始得早，而且，传播范围相当广，持续的时间也相当长，纵然用50卷册的内容，也无法将之表述得具体、清楚，更何况仅用两三卷的内容。在人们看来，我的这部作品，或许更像是一部关于幻觉的选集，而非一部待完成的关于人类愚蠢行为的、伟大而丑陋的作品中一个小小的章节。

波森曾经开玩笑地说，他计划就此问题写上500卷滔滔宏论！相对来说，与人们的从众心理和"石头脑袋"相关的、引人发笑的例子，被以素描的形式记载于众多的书籍中，可谓随处可见。不过，要注意的是，此类内容并非愚蠢和幻觉的事例。

在本书中，我将宗教狂热有意识地排除在外，原因是它并不属于本书原计划的限定范畴。倘若将其列入内容，那么，仅就宗教狂热事件的名单这一项，就可以编辑成整整一卷的内容。

倘若大家对于此类作品可以欣然接受，那么，作者计划开始一番新的尝试，即于另一卷作品中进行一次关于炼金术的发拓展，以及由炼金术引发的、哲学上的幻觉的全面彻底的观察与思考。其中，就包括对从前的炼金占星的术士，以及现代的催眠家们的观察和研究。

查尔斯·马凯

1841年8月23日

于伦敦

密西西比泡沫

一些公司偷偷地纠集在一起，发行新股票，从事着非法交易。

他们吹牛，说大话，以空洞的谎言来诱骗城镇里的人们。

他们首先建立起新的信用，然后再大声喝止，

将这空洞无物的东西分成了若干股份，

再用谣言把大众聚集起来。

——丹尼尔·笛福

006 | 金融投资400年 投资者必读金融理财宝典

赌徒约翰·劳

　　一个人的生涯一旦与发生于1719—1720年间的巨大阴谋发生密切的联系，那么，一部密西西比疯狂浪潮的历史，就一定是其伟大的作者约翰·劳的生平素描。除此之外，实在没有更好的办法来介绍此人。

　　对于如何描述约翰·劳，历史学家们意见不一。

　　有人认为，应将其描述成一个十恶不赦、处心积虑的骗子、阴谋家，有人则认为应将其描述为一个疯子。就这样，根据看法的不同，形成了以上两种不同的流派。在约翰·劳在世的时候，此两派均对其极尽攻击之能事，对其本人和"事迹"大肆渲染。

　　当时，人们无法忘记的是他的计划给人们造成的不愉快的后果。直到如今，这恶果还让世人感同身受。

　　不过，针对人们对约翰·劳的指责是否有公正性，后人已经找到了相关的证据，并就此提出了质疑，目的是为了证实约翰·劳并非一个罪大恶极的骗子，也并非丧心病狂的疯子。

　　实际上，倘若称其欺骗了世人，那么，不如说他也是受骗上当者；倘若称其行为是犯罪，那么，不如说是他人对他本人的犯罪。他对于信用的哲学和真正的原则，其实是相当熟悉和了解的。

相比于同时代的人，约翰·劳更加了解货币问题。倘若说其体系的垮台和如此巨大的崩溃、灾难相伴而行的话，那么，他应该承担全部的责任，而那些推波助澜、共同构成其体系的人们也同样应该承担责任。他并不曾想到，整个国家会因贪婪而被疯狂地卷入其中；他也不曾想到，如同盲从一样，信心也可以无限制地扩大，而希望则如同恐惧一样可以变幻莫测、轻易失衡。

他又如何能预见，法国人会出现如下情况——人们如同古老寓言里的人一般，任自己在疯狂、热情的驱使下，将那只本来可以下更多金蛋的美丽的鹅杀害呢？

如同那位首个冒险从伊利湖划船到安大略湖的水手的遭遇一样，他的命运发生了巨大的变化。

他驾船划过的河流，是那么开阔而平静；他的行程是那么迅速而愉悦。唉，结果他遇到了麻烦！当奔流的大水意料之外地扑面而来的时候，面对着惊涛骇浪的时候，他想采取措施，却为时已晚。于是，那一路上与之相伴，让其享受畅游之乐的潮流，如今，变成了灭顶之灾，成了毁灭之流。

然而，当他用尽全力打算重返原来的航线时，他发现，这股潮流的力量是如此强大，单凭自己微薄的力量压根无法扭转局势。而此时，他本人也正一点一点地接近那可怕的、巨大的瀑布。

狂暴的涡旋已难以控制，巨流将其卷起又吞没，他的身体被尖利的岩石划过。最终，巨石和水流将他连同乘坐的小舟一起撞碎，使之变成片片残缺的碎片。此刻，无情的、疯狂的水流也随之撞到深潭之中。刹那间激起了千万层细密的水雾，而仅在某一瞬间沸腾了一下后，就散落成为泡沫，没过多久，又恢复到原本的状态，平静地向前流淌着，就如同不曾发生任何事情一样。

对约翰·劳和法国民众来说，当时发生的一切同样也是如此。他本人就是那位驾船人，而法国民众就是那曾经为其带来无穷乐趣，最终却又将其毁灭了的滔滔水流。

1671 年，约翰·劳出生于苏格兰的爱丁堡。其父为法夫郡一户古老望族家里的小儿子，成年后继承了祖辈的金匠和银行家的生意。因为经营有道，他在做生意的过程中慢慢积累起巨额财富。而这笔财富，足以让其实现自己的心愿。这是一个在其同胞中相当普遍的心愿，那就是将一个代表领地的名号添加在自己的姓氏中。为了达到这一目的，他将劳里斯顿和兰德斯顿的地产买下，并因此而成名，其名字也变为了所谓的"劳里斯顿的劳"。

约翰·劳是"劳里斯顿的劳"最小的儿子，在他仅仅 14 岁的时候，就到父亲的会计师事务所里做事。三年后，他在努力、辛勤的工作过程中，深刻地了解了当时苏格兰银行业所采用的基本原则。一直以来，他在数字的研究方面充满着巨大的兴趣与热情。在他还是荏弱少年的时候，人们就为其对数学、计算的熟练与精确深感叹服。

17 岁时，他已经长得相当高大、强壮了，体格也相当匀称；尽管其面孔上因为青春痘而留下了深深的疤痕。不过，因为他极具表达力且言语风趣、机智而格外惹人喜欢。此时，他开始不再关注自己的生意，而是越来越自负，整天沉湎于过分浮夸的华服之中。女士们对其特别青睐，亲切地称他为"美人劳"；而其同性们则对他轻浮奢华的行为颇为不屑，为他起了一个"杰莎米·约翰"的绰号。

1688 年，当约翰·劳的父亲不幸去世后，他就彻底地远离了那张令其生厌的课桌。他渴望拥有父亲留下来的劳里斯顿的地产所带来的收益，同时，也为了开眼界、见世面，于是，他动身去了伦敦。

如今的约翰·劳不但年轻，而且很是狂妄自大。他仪表堂堂，英俊潇洒，财产身家也还说得过去。不过，他的自控能力极差，做人、做事恣肆张扬，不知收敛。所以，他一到伦敦，就将自己旺盛的精力投入到浮华奢靡的生活中去了。没多久，他就成了赌场里的常客。

由于他能依据某种深奥、复杂的概率进行计算，为自己制订出特定的计划，且依计划行事，他最终为自己赢得了数目可观的赌金。他的运气遭到了每一个赌徒的妒忌，许多人开始观察他如何赌博，跟在他后头效仿他，并下同样的注。

不只是赌博，在追求女性的方面，他显然也是如鱼得水，幸运非常。这位英俊潇洒的苏格兰人甚至得到了最有品位的女士的高贵、优雅的微笑。在众人眼里，他年轻，富有，做事机灵，且乐于助人。

不过，物极必反。在这所有的成功为其彻底改变、铺平了道路之后，在经过9年花天酒地、纸醉金迷的生活之后，他已经彻底成为一个迷途深陷、不可救药的赌徒。同时，与其玩兴疯狂增长相反的是，其对风险的谨慎和周到的考虑却越来越差，并逐渐消失了。

若想弥补巨大的损失，只能承担更大的风险，进行更大的冒险。在一个倒霉的日子里，约翰·劳的手气特别差，他赌输了全部家当，除非将家中的房产拿来抵押还债，否则他压根无法偿还这笔赌债。最后，被逼无奈的他不得不以房产抵押还债。

与此同时，他的风流韵事也为他招致了麻烦。在一桩与一位韦丽尔斯女士（即后来的奥克尼伯爵夫人）有关的恋爱事件中，或者，也可以称之为一次小小的调情事件中，一位名叫威尔逊的先生对约翰·劳产生了怨恨与不满。于是，他接到了威尔逊先生决斗的挑战。

约翰·劳毫不在意，从容应战，并于决斗中不幸将对手当场射死。当天，威尔逊先生的亲人就以谋杀罪提起诉讼，将其告上了法庭，约翰·劳于是被捕入狱。后来，他被裁定有罪且被判处了死刑。不过，后来又得以减刑，改成了罚款，原因是法官认为，其所犯的罪行仅为过失杀人。死者的一个兄弟为此进行了上诉，约翰·劳只好被拘留在"王座法庭"。后来，不知道发生了何事，约翰·劳成功地从法庭里逃跑了。

他到底是怎么逃走的，又用了怎样的手段呢？对于这一切，他从不曾予以解释。后来，在人们组织的一个反对行政司法长官的活动中，约翰·劳成为《加泽特》杂志被广泛宣传的人物，甚至达到了家喻户晓的程度。他还因为入狱之事获得了人们颁发的一项奖励——这是对其进行的补偿。

在人们的口头描绘中，他是"约翰·劳船长，一位苏格兰人，刚刚26岁；一位个子相当高、皮肤黝黑、精干而无赘肉的男人；相貌端正，身材匀称，身高6英尺开外，脸上长着大大的青春痘坑；大鼻子，说话声音又响又亮"。以上的描述若称为是对他的描写，那么，倒不如称为是为其画的漫画。据推测，这段描绘是为祝贺他的逃亡而作的。

他成功地到达了欧洲大陆，并在那里游历了三年。在这三年中，他将自己大量的注意力投入到所经过的每个国家的货币和金融事务上。他在阿姆斯特丹逗留了数月，在基金方面进行了某种程度的投机。在那里，他用整个上午的时间对金融和贸易原则进行研究，再将整个晚上的时间投入赌场里。

通常的情况下，人们认为，他是1700年回爱丁堡的。他还在那个城市出版了一本名为《为何要成立贸易委员会》的小册子。不过，这并未引起人们多大的兴趣和热情。

不久之后，他又制订了一项计划，内容是建立一家所谓的"土地银行"。如果按照正常的收益率来计算，这家土地银行发行的票据必定不会超过这个国家全部土地的价值；而在特定时间内，将所有权加上的话，土地银行发行的票据将会和土地的价值相等。苏格兰国会因此计划而震动，一时间，人们对此事纷纷加以议论，发表着自己的看法。因为约翰·劳赢得了一个被称为"中队"的中立党派的好感，于是，该党派提出了动议，内容就是要建立这样的一家银行。

最终，国会通过了一个解决办法，即建立起任何形式的纸质信用体系，以强制进行纸币流通。此举对这个国家而言是一次不恰当的、功利主义的行动。

约翰·劳在争取就杀害威尔逊先生的事件获得谅解与宽恕的努力失败之后，离开了苏格兰，重返欧洲大陆，并且在赌博领域重操旧业。

奥尔良公爵

在接下来的14年里，约翰·劳在佛兰德尔（比利时西部和法国北部的北海沿岸地区，当时是一个国家）、荷兰、德国、匈牙利、意大利和法国等国无目的地四处漫游。很快，他对于贸易的范围以及各国的资源情况有了一个清楚而全面的认识，并且越来越坚定了一种想法：一个国家只有使用纸币，才能繁荣富强。

在这段游历和思索的过程中，表面上看，他靠着成功的赌博来维持生计。在欧洲各国首都的任何一家著名的赌场里，他在人们的眼中，是一个富有技巧，可以处理复杂深奥的概率问题且能把握先机的人。所以，他在那里成了名人，且颇受人赞赏。

然而，在开始的时候他曾被地方行政官员从威尼斯驱逐出去，后来又从热那亚被驱逐出去，原因是在那里的地方官看来，他是一个相当危险的观光客，会对本城的年轻人造成伤害。在滞留巴黎期间，他也因为自己的言行而受到警察局中将阿金森的迫害。阿金森命令他马上离开首都巴黎。不过，由于他在接到驱逐令之前就于一次沙龙上结识了旺多姆公爵、孔蒂王子以及影响力巨大的奥尔良公爵，于是，在最后者的影响下，他的命运发生了巨大的变化，而且这种变化可以说是命中注定的。

这位苏格兰冒险家身上洋溢的旺盛的活力，得到了奥尔良公爵的青睐。而对于这位注定会成为自己的保护人的皇亲权贵，约翰·劳也十分欣赏，尤其是公爵那过人的机智以及和蔼可亲的态度。他们常常出席对方举办的社交活动。为了将自己的金融主张和信息传达给这位命中注定与王冠只差一步的公爵——没错，无须太久，这位公爵必定会在政府中扮演一个相当重要的角色，约翰·劳不放过任何一个机会。

在路易十四去世前不久，或者遵照某些人的说法，1710年，约翰·劳将一份财务计划提交给审计官狄斯马里兹。据报道，此事曾得到法王路易十四的过问，他想弄清楚此计划的倡导者是不是一位天主教徒。当他得知约翰·劳并非天主教徒之后，他变得不愿意与约翰·劳之间发生任何关系。

经过这番打击后，约翰·劳来到了意大利。此时，各种各样的融资计划充斥于他的脑海中。他就把在意大利建立土地银行的想法，灌输给萨伏伊公爵维克多·阿马杜斯。公爵给出的回复是，他是一个太过无力的当权者，计划很容易就会毁于一旦——这样伟大的一项计划执行起来，自己的支配权实在过于有限。不过，他给约翰·劳的建议是，再到法国国王那里试一试。原因是他相信，倘若约翰·劳非常了解法国人的性格的话，他的这个既新鲜又好像很有道理的计划，一定会引起法国人的兴趣。

1715年，法国国王路易十四去世。一个年仅七岁的小毛孩——路易十五成为王位的继承者。作为摄政王，奥尔良公爵于国王未成年之前承担着管理政府事务的职责。如今，约翰·劳意识到，自己的处境变得非常有利了。他知道，自己事业中的高潮已经到来，这股潮流会让自己在洪水的驱使下达到人生的巅峰。

　　作为摄政王的朋友，他的理论和抱负已深为对方所熟悉。此外，约翰·劳为拯救法国伤痕累累的财政信用，付出的所有努力也得到了摄政王的支持——因为在路易十四奢侈无度、负债累累的统治下，法国的信用体系已经糟糕到了极点。

法国金融危机

路易十四的专制统治并不曾与其本人一起被埋进坟墓，广大民众依旧对此表示不满和痛恨。最终，这种压抑得过久的仇恨，在对其统治的记忆之中爆发了出来。实际上，路易十四终其一生都生活在阿谀奉承之中，其身边的人竞相肉麻、谄媚地对其吹牛拍马，就这点而言，他堪称历史第一人。

如今，人们指责其为暴君，称他是一个心地狭隘而又固执的人，一个掠夺成性的盗贼。人们将其塑像打得变了形，将其画像撕扯下来。可以说，老百姓对其极为痛恨，世人对其极其唾弃，甚至他的名字都成了自私和压迫的代名词。人们也遗忘了他的军队从前的荣耀，所记得的唯有他的倒行逆施、奢侈无度以及残暴冷酷。

这个国家的金融系统，处于一种极端无序而混乱的状态之中。因为当权者是一个大肆挥霍、腐败堕落的统治者，因此，差不多所有的官员均效仿他那挥霍、腐败的作风。不管是职位最高的，还是级别最低的，几乎每个官员都尽己所能地利用自己手中的权力为自己谋福利。

如此一来，法国就被带到了毁灭的边缘：国家的债务总额高达30亿里弗（当时的法国货币单位，1里弗相当于20个苏），可是，整个国家的年收入只有1.45亿里弗，这其中，每年仅政府开支一项就高达1.42亿里弗，其余剩下的300万里弗不得不用来支付30亿债务的利息。摄政王所关心的头等大事，就是如何为这样规模巨大的债务找到一剂根治的良方。为此，他很早就组织了一个委员会来讨论此问题。

德·圣西蒙公爵认为，重病需要猛药医，因此，除非用一剂在当时看来十分大胆而危险的药方，才能将法国从革命中挽救过来，除此之外，别无他法。他向摄政王提议，将政府要员召集起来，宣布国家破产。

德·诺埃勒斯公爵则是一位处事圆滑的老好人，同时也是一位成功的朝廷大臣，更是虚伪、腐朽的功利主义的代表，他一点儿也不想因为那些高明的见解而让自己惹上什么麻烦，或者引起自己的苦恼。于是，为了反对圣西蒙的计划，他动用了自己所有的影响力。就观点而言，摄政王和诺埃勒斯公爵一样，所以，这剂猛药被否决了。

最终获准采纳的方案，虽然还是声称要保证公平，不过，结果仅是助长了罪恶，让灾难变得更加严重。

这个国家因为最不诚实的第一种方法而没能得到任何好处。命令下达后，货币被重铸，通货的币值贬值了五分之一；那些手持1000块金币或者银币来到铸币厂的人，又得到了名义上价值相等的硬币——不同之处在于，所含金属的重量仅为原来的五分之四罢了。

借助于这一计谋，财政部获得了7200万里弗的收益，不过，此举却让这个国家的所有商业运作陷入了混乱无序的状态。为了平息民众的愤怒与不满，政府减免了九牛一毛的税收。人们在获得这点微不足道的眼前利益的同时，也将可预见的巨大灾难忽视了。

接下来，政府组织了一个公正法庭，其任务是对贷款契约签订方的营私舞弊行为和农场主的收入进行调查。不管在哪个国家里，人们永远不会欢迎税务征收人员，此时的法国税收人员，也理所应当受到人们的憎恶和谴责。于是，整个国家因为这些包税人以及那一大群下级代理人（他们被称为税务员）被传唤来为自己的错误行为承担罪责，而陷于从来不曾有过的喜悦之中。

为此目的而组建起来的公正法庭，也得到了相当广泛的支持。这个公正法庭的组成人员，包括国会的主席和委员会，援助法庭和质询法庭的法官，会计署的官员，总指挥者是财政部。他们鼓励检举者提供证据，让罪犯得到法律的制裁，并且承诺，举报人将获得罚款，充公的赃款、赃物的五分之一的奖赏。

他们还承诺，只要能举报这些隐藏的财产，举报者将获得罪犯所有隐瞒不报的财产中的十分之一作为奖励。

当组建这个法庭的公告颁布实施后，那些和此事关系最重大的人们产生了一定程度的恐慌，这种反应仅能解释以下问题：他们盗用的税款数额或许相当大，甚至无法弥补。然而，人们不会对这些人的惶恐表示同情。他们担忧的事情最终发生了，那就是他们很快被提起诉讼。

一晃眼，巴士底狱就住满了此类罪人，以至于再也无法容纳其他被送来的犯人，甚至，全国各地的监狱也都被这类罪犯或者犯罪嫌疑人塞满了。一道命令下达给了全国的旅店管理人和负责为旅客提供膳宿、驿马的人，内容是禁止为那些急于逃跑的家伙提供马匹；同时，任何人不得收容罪犯或者为其逃跑大开方便之门，违者将受到高额罚款的惩处。

在此过程中，有的罪犯被判处戴枷之刑，戴着颈枷、手枷游街示众，有的罪犯则被送上囚船，罪行较轻的罪犯被处以罚款和监禁。只有一个遥远省份的富有的银行家兼包税人被判处了死刑。此人的非法收入多到了令人瞠目结舌的地步——他为了逃跑情愿出资600万里弗，合25万英镑！在其管辖的地区，人们将其视为残酷贪婪的暴君和压迫者。

最终，他为了逃命而贿赂他人，却遭到了拒绝，其本人也受到了死刑的惩罚。其他的人也许罪恶更大，不过，与他相比，运气显然要好得多，总算是将自己的小命保住了。

因为违法者都会将赃款藏匿起来，因此，最终被没收、充公的财产甚至比不上交纳罚款的数额。当然，政府面临的艰苦局面稍微有所缓解，同时，以税收为名收取的罚款，在征收的时候也不因违法者的不同而加以细分。可是，政府的任何一个部门均腐败透顶，以至于这些流入国库的资金虽然可以让国家受益，但也不过是杯水车薪、于事无补。

出乎意料的是，这次清查的主要收益，其实是流入到了皇家宠臣及其妻子、情妇的手里。当时的一位金融业者，应征缴的税金和他的财富及罪行成正比，其总额高达1200万里弗。然而，这个罪犯却受到了某伯爵的召见。这位伯爵在政府职员中地位尊崇，举足轻重。他提出，可以尽力帮其免除罚款，条件是他得给自己10万克朗。这位金融家给出的答复是："您来迟了，我的朋友，我早已与您的妻子以5万克朗的价格成交了。"

彼时，以这种方式征收的款项差不多是1.8亿里弗，其中，用于支付国家债务的仅为8000万里弗。余下的钱被改头换面，转而成了大臣们的私有财产。

就此，梅塔隆夫人这样写道："每天，我们都能听到摄政王颁发的一些新的赏赐。人们对于如此滥用这些从盗用公款的人那里拿回的民脂民膏非常气愤，为此而议论纷纷。"

当最初的不满与怨恨得以宣泄之后，人们开始对弱者产生了同情和恻隐之心，他们变得义愤填膺，认为政府此举是小题大做，认为此举是用巨大的努力达到微不足道的目的。就公平程度来说，人们认为，将一部分蠹虫侵吞的民脂民膏改用来养肥另一些无耻之徒，二者之间并不存在着怎样的区别。

于是，只在几天之间，任何一个罪行较为严重的家伙都受到了惩处，而公平法庭则在到处寻找牺牲品，为的是将自己更加卑下的使命延续下去。

在高额悬赏的引诱下，职业告密者出现了，他们无端指责那些品行端正的生意人，声称其犯有欺诈和勒索罪。这些无辜的人为了恢复自己的名誉以示清白，只好将自己的诸多事务在这个法庭上公开。一时之间，民众怨声载道。

一年后，政府才发现，倘若不控制事态的进一步蔓延，将是极不明智的。于是，公平法庭被解散，并大赦了所有未受指控的人。

约翰·劳创立纸质货币

对于这场金融乱局，约翰·劳在一旁始终洞若观火。此时，除了摄政王，没人能更加深刻地感受到这个国家的可悲现状。不过，相比于其他人，他更不愿意如同一个男人那样，无畏地制止国家滑入更深的泥沼中——因为他讨厌商业活动；在未经适当审查的情况下，他只会在官方文件上署名，然后让他人去承担原本应该由自己承担的责任。

于他而言，他的高级公署必须要关注的事务真是太令人头痛了。他清楚，自己一定要采取某种行动了。不过，就采取行动的精力而言，他也的确不足。同时，他还缺少可以牺牲自己的安逸和悠闲来担此重任的美德。正是因为此种禀性，也就不奇怪，对于约翰·劳所提出的庞大的金融计划，他会如此醉心——它们能够轻松地得以执行，而且，提出者又是自己熟识的聪明的冒险家，自己又是如此赏识此人的才干。

当约翰·劳出现于法国宫廷中的时候，他得到了摄政王最衷心的欢迎。他将两份备忘录提交给摄政王，在此两份备忘录中，他尖锐地指出了困扰法国并使之衰落的罪恶之源——货币屡屡贬值是由于通货不足造成的。他断言，倘若缺少纸币的辅助和支持，单一的金属通货压根不可能让一个商业国家的需要得到满足。为此，他还特别引用了英格兰和荷兰的例子，以此证明纸币的优越性。

为了论证信用的主题，他引用了许多强有力的论据，而且就法国信用的恢复问题提出了具体的方法。此方法就是针对当时的法国的衰弱情况，允许他建立起一家银行，由这家银行对皇家的岁入进行管理，并且，以财政税收和不动产证券为基础发行票据。他进一步提出，就名义而言，这家银行理应由国王直接管理，不过，要接受议会指定的专员们的监督。

当这两份备忘录还处于考虑阶段时，约翰·劳就用法文翻译了自己关于货币和贸易的论文，并且，用尽各种方法在全国各地宣扬自己金融家的声名。没过多久，他就成了人们议论的焦点人物。摄政王的心腹们也将摄政王对约翰·劳的褒扬之辞到处传播，所有人都期盼着看到拉斯先生①的壮举。

1716年5月5日，政府公布了一份皇家布告。该布告授权约翰·劳与其兄弟，共同以劳氏公司的名义建立起一家银行（后称为劳氏银行），该银行的票据在支付税收时应当予以接受。银行的资本金固定在600万里弗，每股500里弗，一共是1.2万股，其中的四分之一可以采用金属铸币购买的方式，余下的部分则一定要用公债购买。人们认为，只有经验证明约翰·劳的提议是安全且有利的，人们才会认为，赋予他在备忘录中所乞求的全部特权是合适的。

如今，约翰·劳可谓一夜间咸鱼翻身，继而飞黄腾达。他用自己

---

① 拉斯先生是法国人对约翰·劳的名字的特殊发音，以回避那个不雅的发音"aw"。在约翰·劳的计划破产之后，爱开玩笑的人们打趣说这个国家成了"lasse delui"，并且提议说，将来可以称约翰·劳为"唉先生"（Monsieur Helas）。

30年的学习和研究所得指导银行的经营、管理。由于其票据均为见票即付的方式，故在发行的时候就可以和等额的金属货币进行兑换。最后这一招，可谓神来之笔，马上就让其票据的身价倍增，其价值甚至比贵金属货币还要高得多——贵金属货币的币值并不稳定，且处于政府盲目的操作之下，贵金属货币一直存在着贬值的危险。某一天里，1000里弗的银币或许和它的名义价值是一样的，不过到了次日，其价值或许就要减少六分之一。然而，劳氏银行发行的票据却具有保值的功能。

与此同时，约翰·劳还公开宣称，倘若一位银行家在发行银行券的时候，不对任何需求予以足够的保证，那么，这位银行家的确罪该万死。约翰·劳此举的效果就是迅速提升了其票据在公众心目中的地位，人们在接受此种票据的时候，价格比铸币还稍高百分之一。

没过多久，它为国家的贸易带来的好处就体现出来。法国日渐衰弱的商业景气开始抬头，并略有复苏；税款的缴纳也更加有规范可循，并且人们对纳税的抱怨与不满也减少了很多。在一定程度上，人们对国家的信心已经建立起来，并相信这一体系会牢固地存在，倘若继续保持这种良好形势，必将得到更大的利益。

仅在一年之内，劳氏银行发行的票据就升值了15%，而政府公债——或可称之为政府替穷奢极侈的路易十四欠下的债务提供担保而发行的票据，其折扣却不低于78.5%。约翰·劳利用这种鲜明的对比获得了极大的好处，从而令自己成了整个王国关注的对象，同时，其信誉也越来越高，劳氏银行的发展势头不可阻遏。

在里昂、罗谢尔、图尔、亚眠和奥尔良，劳氏银行的分支机构差不多同时建立，并开门营业。

密西西比计划

摄政王对于约翰·劳的成功感到相当惊讶，这实在出乎他的意料。不过，他也慢慢接受了这一观点：纸币的力量是如此强大，绝对可以取代金属货币。正是由于产生了这一错误观点，因此，其后来所作所为均是以此为基础的。与此同时，约翰·劳也开始着手策划那个让他遗臭万年的著名计划了。

他建议摄政王（如今的摄政王对他可说是言听计从，信赖有加）设立一家公司，公司拥有一种独占性特权，即它可以和美国伟大的河流——密西西比河流域，及其西岸的路易斯安那省的人们进行贸易。人们猜测，那个遥远的国度出产黄金，富庶到了极点；而这家拥有独占性特权的公司，借助于其独有的商业机遇所带来的丰厚利润，一定会成为税收的唯一包税人，也成为金钱的唯一铸造者。

1717年8月，在颁布了正式的授权书后，这家公司就应运而生了。公司的资本金被分割成20万股，每股500里弗，任何一笔资金均由公债来支付。公债的价格则按照其票面价值来计算，虽然它们在市场上的价格仅为160里弗。

如今，全国被席卷入投机的狂热中，举国上下都陷入一片疯狂之中。劳氏银行取得了非常大的成功，于是，他对将来做出的任何预言和承诺，均被当时的人们奉为圣旨纶音，付之以绝对的信任。每天，这位吉星高照的设计者都可以从摄政王那里获得更多的新特权。比如，烟草销售的垄断权属于劳氏银行，提炼黄金和白银的专有权也属于劳氏银行。而且，最终，劳氏银行摇身一变，成为法国皇家银行！

暂时的成功麻醉了他们，春风得意的约翰·劳和摄政王，都将古圣先贤大声疾呼的真理忘得一干二净——倘若一个银行家要发行银行券，一定要有必需的资金作为准备。当劳氏银行刚刚由一家私人银行变成公共金融机构时，在摄政王的敦促下，它就制造了总额高达10亿里弗的纸币！

此举是对稳健原则的首次背叛，为此，约翰·劳遭到了不公正的指责。然而当初，他控制银行事务的时候，他发行的钞票从不曾超过6000万。我们不清楚，约翰·劳对此次非正常的增发钞票是否表示反对，不过，考虑到此事发生于银行刚成为一个皇家机构的时候，因此，为了公平起见，摄政王仅能承担制度改革的指责。

约翰·劳发现，一个以专制统治为特征的政府，就是自己的立身之处。不过，此时，他还不曾清醒地发现，政府会对信用这么一个复杂微妙的系统施加如此恶劣的影响。后来，他从自己的切身教训中获得这一教训。不过，彼时，他唯一能做的事情就是听从摄政王的差遣，从事那些与自己的原则相违背的事情。

正因这一最应受到谴责的弱点，所以，他只能尽自己之力帮助摄政王发行更多的纸币，从而达到"淹没"这个国家的目的。此时发行的这些纸币，由于缺少了坚实的贵金属基础，其价格注定会在某个特定的时间一落千丈。他的双眼因为当前过分的繁荣而缭乱起来，以至于无法看到那早晚要降临到他头上的倒霉的前景。一旦因为某种特定的原因导致警报被拉响，他就会陷入不可逃脱的劫难之中。

议会在最初的时候对于这个外国人的影响力十分嫉恨，除此之外，他们还很担心约翰·劳的计划的安全性，对其充满疑虑。不过，随着约翰·劳的影响力不断提升，他们也变得更加憎恶、仇视他。

大臣德·阿古苏由于反对大量增发纸币，反对国内金币和银币的持续贬值，因此，被摄政王无情地免去了职务——此举更加激化了议会对约翰·劳的仇恨与不满。随即，德·阿金森——摄政王的忠实爪牙，一个一心投其所好、欺上瞒下的家伙，接替了阿古苏的职位，同时还获得了财政大臣之职。这令议会的怒火达到了顶点。

所谓"新官上任三把火"，这位新上任的财政大臣采取的第一步行动，就是让铸币进一步贬值。德·阿金森经常骄傲于自己的伟大创举，甚至时常以此自我吹嘘，说明自己的能力是如此卓著——他用4000枚老的足值铸币，就铸造了5000枚新的、小的、不足值铸币。此人对于交易和信用的真实原则显然十分无知，以至于他压根不曾意识到，其所作所为对贸易和信用造成了巨大的伤害。

这样的财政体系的失策和危险，议会即刻有所察觉，于是，摄政王得到数次关于此事的进谏。议员们力劝摄政王，尽快停止这一不可思议的计划，却遭到了摄政王的拒绝。此时，议会借助于一次大胆且独特的越权行动，下令要求，在支付中仅接受符合原有标准的足值货币。为此，摄政王勃然大怒，召集了一次审判会议，并在会议上宣布，上述命令无效。议会拒绝服从他的命令，同时，又立即颁布了另一条法令。于是，摄政王再次行使自己的特权，宣布此项法令无效。

最终，直到1718年8月12日，议会采取了更为激烈、强硬的反对方式，通过了又一项法令。该法令严禁劳氏银行与国库岁入的管理

026 | **金融投资400年** 投资者必读金融理财宝典

发生任何直接或间接的联系，倘若违背，将施以重刑。同时，严禁任何外国人以个人或他人的名义插手国家金融事务的管理工作。

在此，约翰·劳成了议员们眼中的罪恶之源，他们还提议：将约翰·劳送交法庭进行审判，他一旦被宣判有罪，将会在审判法庭的门前被绞死。

此时的约翰·劳处于极度的惊恐之中，惶惶然如一条丧家之犬，他急忙逃到了皇宫，请求摄政王的庇护，同时，请求摄政王采取措施迫使议会屈服。摄政王从不曾像如今这样上心做事过——他因此事大受触动，还因此事引发了与梅因公爵和索洛斯子爵（此二位均为已故国王的儿子）之间的激烈争执。最后的结果是，他将议会的反抗弹压下去，将议长和两位委员拘禁后，送到了遥远的监狱监禁起来。

于是，特权如狂风一般将笼罩在约翰·劳头上的第一朵乌云吹走了。当人身危险得以消除之后，约翰·劳就把全部的精力投入其著名的密西西比计划中去。虽然议会不断地进行阻挠，甚至提出异议，但密西西比公司的股票价格还是一再地飙升。

狂热的股民

1719年年初，一项法令被颁布，内容是密西西比公司获得了和东印度、中国、南海进行贸易的专有特权，并且获得了经营科尔伯特创建的法国东印度公司的所有财产的权利。由于业务有了如此巨大的增长，于是，密西西比公司理所当然地将名称更改为印度公司，并且扩增了5万股新股作为扩充资本。

如今，约翰·劳发出的招股说明书对投资者来说是极具诱惑力的。他给出的承诺是，对价值500里弗的每股股票，每年会派发200里弗的股利。对于那些以公债名义价值购买的股票而言，其实际支付的购买价仅为100里弗，所以，约翰·劳仅在股利这一项上的利润率，就高达120%左右。

始终处于持续狂热状态的公众，如何能够抗拒如此吸引人的暴利呢？然而，这5万股新股，吸引了至少30万人申购。于是，从早到晚，前来申购新股的焦急万分的申请人，将约翰·劳位于坎康普瓦大街的宅邸围得密不透风。由于并不是每个申购人都可以购得新股，因此，在好几个星期后，新股东的名单才确定下来。

在这段时间里，公众处于疯狂的焦虑状态中。每天，约翰·劳的大门前的街道上都站满了公爵们、侯爵们、子爵们，连同他们的公爵夫人们、侯爵夫人们以及子爵夫人们，他们在这里一等就是数小时，为的就是弄清申购的结果。

最后，为了免于被数以千万计的平民百姓挤到（约翰·劳所在的那一整条大街都挤满了民众），这些贵族老爷、太太们就将邻近的公寓租下来，为的就是在约翰·劳这位"财神爷"出来分发财富的时候早点抓住机会，早早得到消息。

南海公司股票的价值每一天都在增加，全国上下，似乎每个人都被这炫目的黄金梦吸引着，产生了更多的新的购买申请。这些申购的数量变得特别巨大，以至于有人认为，理应发行的新股数应当高于30万股，每股500里弗，从而帮助摄政王借助公众的热情还清国家的债务。

当然，为了实现此目的，还需要15亿里弗的资金。国民的热情高涨无比，此时，但凡政府授权，三倍于此的总额也轻松地被预订一空。

如今的约翰·劳处于成功的顶峰，而人们也离昏乱糊涂的顶点越来越近。无论是最高贵的阶层，还是最低下的阶层，人们均对未来的富裕前景满怀信心和期望。上流社会的名人无一不对买卖股票充满热情，除了圣西蒙公爵和维拉斯元帅。人们不管男女老幼，不管贫富贵贱，无不密切关注着密西西比证券的上涨和下跌。

投机者主要的出没之地就是坎康普瓦街。这是一条狭窄的、难行的街道，因为聚集的群众过多，给交通造成巨大的压力，以致交通事故频发。这条街上的房屋，平时的年租金仅为1000里弗，如今，却暴涨到了1.2万或1.6万里弗。坎康普瓦街上的一位皮匠，把自己的一个摊位让了出来，而其本人就在那里替经纪人及其客户准备书写工具和材料，每天，仅此一项就可获利差不多200里弗。

还有一个故事，听起来更加不可思议，一个驼背男子站在坎康普瓦街上就赚到了相当可观的收益。其生财之道极有意思，就是将自己的驼背借给那些焦急的投机人当写字桌！

就这样，更大的投机者被聚集在一起做生意的一大群人吸引而来。全巴黎所有的小偷和道德败坏者又被更大的投机者吸引而来，于是此地不断发生骚乱和混乱。每当夜晚的时候，经常需要派一队士兵来此打扫街道，维护治安。

约翰·劳发现了自己居所环境存在着众多不便之处，于是就搬到了旺多姆广场，不过，随之而来的是成群的投机商们。

没过多久，原本空旷宽敞的广场，就如同坎康普瓦街一样变得熙熙攘攘、拥挤不堪：每天从早到晚，旺多姆广场给人的感觉就如同一个集市一样热闹非凡。就在这里，货亭和帐篷凭空出现，成为商务交易和餐饮销售的场所，赌徒们则居于场地中央，进行着轮盘赌等活动，以此将黄金和纸币从成群的人们的口袋里攫取出来，转而让自己的荷包变得鼓鼓囊囊的。

人们对林荫大道和公共花园毫不感兴趣，反而将旺多姆广场当成了欢乐、喧嚣的聚会之所。于是，它不但成为消闲、游乐的时髦场所，还成为行色匆匆的投资者们出没的地方。为此，广场每天都处于喧哗、吵闹之中，以至于广场法庭的审判长不停地向摄政王和市政当局叫苦，为自己无法听到辩护人的辩词而抱怨。当听说约翰·劳被牵扯进此事的时候，他表示，自己可以提供帮助，让约翰·劳那喧嚣、嘈杂的办公机构换个地方。

为此，约翰·劳又相中了索伊森旅馆，并和卡里格南王子达成了协议——旅馆后面有一个面积达数公顷的大花园。经过一番讨价还价，二人最终达成协议，约翰·劳以天文数字的高价将索伊森旅馆买下来，而王子则保留了旅馆后面的巨大花园，以此作为新的利润来源。在这个花园里，有着一些精美的雕塑，此外，还有几座精致的喷泉，布局和设计都十分有品位。

约翰·劳在入住新居的同时，一项法令也公之于众，那就是：任何人不得在索伊森旅馆花园之外的任何地方买卖股票。于是，差不多500座大大小小的帐篷点缀在花园的树丛间——这是为了方便股票投机者。这些帐篷色彩各异，其上飘扬着艳丽的丝带和旗帜，行色匆匆的人在这里不停地出出进进，各种不同的声音持续不断地响着，一波波声浪此起彼伏。

在这里，吵嚷声、喧哗声、音乐声，以及麇集的人们脸上的喜悦或狂乱，交织成一种奇怪的混合物，反而在这里形成一种令人着迷的气氛，让巴黎人为之沉醉并狂喜不已。

在幻觉持续的那段时间，卡里格南王子赚取了难以计数的利润。每顶小帐篷，被他以每月500里弗的价格出租，而当时，旅馆花园里小帐篷的数目最少也有500顶。仅仅这一项，他每月就净赚25万里弗（1万英镑）的利润。

沙场老将维拉斯元帅是个忠实、正直的人，当他看到自己的国民变得如此疯狂时，感到异常恼怒。每当他提起这件事时，总是义愤填膺。有一天，当他乘坐马车路经旺多姆广场的时候，面对头脑发热的人们，他不禁怒火中烧，竟然喝令自己的马车夫将车停下，然后将脑袋探出车窗外，冲着那些"财迷心窍"的人们怒斥了半个多钟头，希望可以将这些人从"令人恶心的贪婪"之中骂醒过来。

然而，从其他人的角度来看，这实在不是个明智的举动。此举招来四周人的嘲笑、叫嚷以及咝咝的反对声，还有人们的大叫大嚷。最后，这些人用各种物品抛向将军，最终，将军不得不落荒而逃。从那之后，他再也不曾做过类似的事情。

德·拉·莫特和塔拉森神父，均为头脑清醒、冷静，极具哲学头脑的文人。不久之前，两人还彼此祝贺，自诩至少自己还是清醒的，不曾深陷于这场奇怪的疯狂之中。但是，没过几天，德·拉·莫特就与其朋友——那位了不起的神父塔拉森，双双现身于索伊森旅馆，两人恰好一进一出，前者是为了买股票，后者则刚买完密西西比公司的股票。

神父笑着说道："哈！是你吗？""没错，"德·拉·莫特一边回答着，一边以最快的速度经过神父身边，"或许是你吗？"当下一次，这两位学者再度相逢的时候，他们一如往常地就哲学、科学、宗教展开讨论。不过，在此后相当长的一段时间里，没人能鼓起勇气，提起和密西西比公司相关的任何一个字眼。最后，当人们不得不提到这件事时，他们均认为，不存在任何一种人们不能做的放纵、奢侈的行为，就算是智者也是一样。

在此期间，这位新任财神爷约翰·劳，转瞬之间成了这个国家顶重要的人物。摄政王的前厅，不再是朝臣们团团围聚之处，相反，索伊森旅馆则成为贵族、法官、主教们蜂拥而至之所。不管是陆军军官、海军军官、拥有头衔的时髦贵妇，还是任何一位因为世袭的等级或者聘任的公职而拥有特权的人物，无不竞相出现在约翰·劳的前厅里——目的就是为了获得一份印度公司的股票。

平步青云的约翰·劳

约翰·劳每天被琐事缠身，为此，能与之见面的人不过是申购者总人数的十分之一。所以，为了能与约翰·劳见上一面，人们绞尽脑汁，各出奇招，真可以说是"无所不用其极"。

从前，那些因为摄政王让其等候半个小时才召见而深感自尊心受辱的贵族们，如今，只要可以与约翰·劳大人见上一面，就可以无怨无悔、心甘情愿地等上6个钟头。约翰·劳的仆人因此得到了人们无法计数的小费，仅为了让自己的名字被约翰·劳听到。

为了达到相同的目的，高贵的妇人们竞相将全部的魅力施展出来，辅之以最迷人的笑容。然而，纵然是这样，他们中的大多数人还是不得不一日复一日地等待下去，只为了一睹约翰·劳的风采，甚至要为此花上两周的时间，才能如其所愿地和他见上一面。

当约翰·劳受邀参加一些聚会的时候，他经常处于红粉佳丽们的包围之中，她们的要求均是将自己的芳名登在新股东名单上。虽然劳一向怜香惜玉，慷慨豪爽，不过遇到此种情况，他还是不得不仓皇遁走。

为了可以和约翰·劳说上几句话，有人竟然使出了世界上最最荒唐可笑的诡计。一位女士连续数天没能得到和他见面的机会，为此，心急如焚的她完全放弃了在约翰·劳的宅邸见到他的希望，从而将主意打向了别处。她让自己的马车夫随时做好准备，一旦自己在车上，就要保持高度的警觉，倘若发现约翰·劳先生走过来，就要将马车向路旁的柱子撞过去，并将自己掀翻在地。

接到指令的马车夫一连三天都驱赶着马车，载着这位女士在城里逛来逛去，这位女士一心祈盼着得到让其翻身落地的机会。最终，她好歹看见了约翰·劳先生，于是，她对马车夫大喊着："快翻车！看在上帝的分上，此刻马上翻车吧！"随即，马车夫驾车撞向一个柱子，这位女士发出尖厉的叫声，结果马车在一瞬间翻倒在地。

目睹了这场车祸的约翰·劳，马上跑上前伸出援助之手。于是，这位机智、狡黠的女士终于得到了进入索伊森旅馆的机会。很快，她就自认为已经从惊恐慌乱中恢复过来。在向约翰·劳先生赔礼道歉之后，她坦承了自己的诡计。这个小小的"诡计"将约翰·劳逗乐了，这位女士的芳名因此得以记入他的股东簿，她就此成了一大笔印度公司股票的购买者。

另一个故事和德·波莎夫人相关。当她得知约翰·劳先生每天都固定在一家餐馆吃饭时，她就乘车前往该餐馆，并且报了火警。食客们因为火警而纷纷逃走，余下包括约翰·劳在内的寥寥无几的几个人。当约翰·劳发现，在其他人想尽办法不顾一切地向外逃的时候，一位女士却反其道而行，担心其中有诈，于是从另一个方向慌忙逃走了。

关于约翰·劳的奇闻逸事实在太多了，不过，纵然其中有一些略有夸张，还是很值得保存和流传的，原因就在于，它们将那个特殊时期的精神风貌形象地反映了出来。①

　　有一天，当着德·阿金森和杜波依神父以及其他人的面，摄政王提到，自己非常想将一项重任交给一位公爵夫人——帮他照顾在摩德纳的女儿。"不过，"摄政王补充道，"我还真不清楚到何处去找这样的一位女士。"

　　"我知道，"在场的一位装作吃惊的样子回答说，"我知道在巴黎有一个地方，您可以在那儿找到任何一位公爵夫人——那就是约翰·劳先生家。在那里，您会在前厅里看到法国所有的公爵夫人。"

---

① 相关文字见《The Letters of Madame Charlotte Elizabeth de Baviere, Duchess Of Orleans》第二卷，第274页。

密西西比股票的戏剧效应

M. 德·希拉克医生素来以医术卓越闻名，不过，他却不幸地于某个不走运的时期购买了印度公司的股票，而且特别想将之抛出。可是，股票却持续两三天在下跌，他为此害怕不已。想将股票抛出的想法占据了他全部的心思。

这时候，一位自觉身体不适的女士请他去看病。他到了女士家后，仆人将他领上楼去为女士把脉。他沉思着说："跌了！跌了！天啊！它在持续下跌！"就在这时，女病人正抬头看着他的脸，迫切地想知道他关于自己身体的看法。

"喔，M. 德·希拉克，"她说着就站了起来，摇着召唤仆人的铃铛，想寻求帮助，"哦，我要死了！我要死了！它又降了！它降了！降了！"

"什么降了？"被女病人的话弄糊涂了的医生问道。

这位女士回答："我的脉搏！我的脉搏！我一定是快要死了。"

"无须紧张，我亲爱的夫人，"M. 德·希拉克说道，"我说的是股票跌了，不是您的脉搏减慢了。实际上，我在股票上是个大输家，我的精神也为此遭到了巨大的打击，以至于我都不清楚自己说了些什么。"

有时候，股票的价格会在数小时内上涨100%—200%。众多生活拮据的下等人清晨起床的时候还一贫如洗，到晚上上床的时候就已经腰缠万贯了。

有一位大股东生病了，他让自己的仆人去将手中250股股票以每股8000里弗的价格抛出。当时，正值成交报价，仆人奉命而去。当他到达索伊森花园时，发现在这极短的时间内，价格已经上涨到了每股1万里弗。250股股票的每股差价高达2000里弗，总差价就高达50万里弗，差不多是2万英镑！

于是，这个仆人厚颜无耻地背叛了主人，将这天价差价据为己有，仅将余下的价款交给了主人。随后，他于当晚就逃往了另一个国家。

此外，约翰·劳的马车夫也已经赚得盆满钵满，多到他可以自己置办一驾马车的地步。于是，他向约翰·劳提出了辞呈。约翰·劳相当欣赏这位马车夫，请求车夫在离去之前帮自己找一位如他一样能干的替代者，为此他将相当感激。马车夫同意了，当晚就带来了他从前的两位同事，让约翰·劳从中任选一位，而他会把约翰·劳挑剩的那一位请来做自己的马车夫。

厨娘和脚夫偶尔也会遇到这样的好运气，他们因为获得财富是如此轻松而得意忘形、自我膨胀，最终犯了最荒谬可笑的错误。这帮股市暴发户们对自己从头到脚进行了一番包装，摇身一变出现在世人面前，却仍然无法掩饰原来粗俗的言谈举止，此举让人忍俊不禁，令他们成为那些多愁善感的人同情的对象，也让他们成为那些冷静庄重的人鄙视的对象，更让他们成为所有人的笑料。

　　不过，让人更感到恶心的，是那些上等阶层人士的疯狂与卑陋嘴脸。在此，仅需举一个例子，就足以证明这种所谓的贪婪已经将整个社会侵蚀了。

　　这个例子是由圣西蒙公爵记载下来的。有一位没地位也不曾受过教育的人，名叫安德烈。对于自己在密西西比证券投机方面，他深为自得，因为他取得了一系列成功，在让人感觉不可思议的极短时间里赚到了不计其数的金钱。就如同圣西蒙公爵所说的那样，"他积累下的黄金堆积如山"。

　　在变得富裕之后，这位安德烈开始为自己出身之低微感到羞愧难当，认为当务之急就是要跻身于贵族行列。为此，他与贫困、落魄的贵族之家德·奥伊斯家族做了一笔交易，将自己年仅3岁的女儿以一定的条件为代价，嫁给奥伊斯家的某个成员。

　　德·奥伊斯侯爵忍辱含垢，接受了安德烈的条件，并且答应，在那个女孩子年满12岁的时候，亲自迎娶她做自己的妻子。前提是，这位做爸爸的得支付给他总额为10万克朗的财产，且到婚礼举办为止，每年支付2万里弗。要知道，这位侯爵时年已经33岁了。

　　由于双方都讳莫如深，严守秘密，于是，这桩丑陋、卑鄙的买卖得以顺利成交。这位股票投机家还进一步同意，在其女儿婚礼的那天，会将数以百万计的财富以嫁妆的方式赠送给她。在整个谈判过程中，奥伊斯家族的首领布朗克斯公爵出席，并分享了所有的利润。

　　圣西蒙先生轻描淡写地记述了此事，且将他认为十分精彩的笑话的可笑之处用随意的笔法叙述出来。他还补充道："人们并不曾指责这桩美丽的婚姻。"并且他进一步告诉我们："数月之后，因为约

翰·劳的倒台以及骄傲的安德烈大人的破产，这项计划没多久就破
灭了。"

　　不过，看起来，对于安德烈预付的那笔10万克朗的订金，高贵
的奥伊斯家族必定不会如数返还。

股票引发谋杀案

诸如此类的事件的确相当吸引人，而且，在一定程度上有许多夸张、滑稽的成分。不过，其中的一些事件却将更加严肃、深刻的内涵揭示出来。

每天，大街上都会发生抢劫事件，原因是行走在街上的人们会随身携带着巨额的纸币和票据。此外，谋杀事件也时常发生。举国上下将目光投注到一桩特殊的案例上，原因是此案例性质极其恶劣，罪犯的地位及其所拥有的高层关系格外特殊。

德·霍恩伯爵是德·霍恩王子的一个弟弟，他和德·阿姆伯格、德·莱恩以及德·蒙特莫伦西这类高贵的家族均有亲戚关系。同时，他也是一位挥霍无度的浪荡公子哥儿，生活异常奢侈，花钱的时候毫无节制。

如他一样鲁莽的两位年轻人。一个叫米勒，是皮埃蒙特的一位有权有势的要人；另一位叫德·斯塔皮斯或者叫列斯唐，是个佛兰芒人。三人合谋制订了一个计划，打算抢劫一位十分富有的经纪人，据说这家伙总喜欢随身携带着巨额的钱财。

德·霍恩伯爵假装特别想购买那位经纪人手里的一笔印度公司的股票，并与他约定，在位于旺多姆广场附近的卡巴莱酒馆（供应酒菜并有歌舞节目助兴的餐馆）或者某个低级酒馆里碰面。这位不幸的经纪人毫无防范之心地准时赴约。德·霍恩伯爵和其两位同谋也准时到达，他将这二人分别向这位经纪人进行了介绍。

在一阵寒暄之后，德·霍恩伯爵猛然之间跳到被害者面前，用匕首向经纪人的胸部猛刺了三刀，可怜的经纪人重重倒地。而当伯爵认真地翻着那总额高达10万克朗的密西西比和印度公司证券之时，皮埃蒙特人米勒又多次将匕首刺向那位不幸的经纪人，以确保其必死无疑。

然而，这位经纪人并未乖乖就范，他奋起反抗并大声呼救。这声音引起了卡巴莱酒馆里其他人的注意，人们赶来对其施以援手。另一位帮凶列斯唐的任务，是在一个楼梯间放风，看到闻声赶来的人们后，他就急忙从窗口跳了出去，然后逃之夭夭。不过，米勒和德·霍恩伯爵却来不及逃跑，被当场抓了个正着。

这一犯罪行为是在光天化日之下发生的，且是在卡巴莱酒馆这样的公共场所，为此，整个巴黎震惊了，一时之间人人自危。

第二天，法庭就对这桩骇人听闻的凶杀案进行了审讯。由于证据确凿，不容置疑，此三人均被判以车裂之刑，将在车轮下被撕成碎片。

德·霍恩伯爵的贵族亲戚们此刻一窝蜂地围聚在摄政王的前厅里，乞求摄政王能法外施恩，对这位误入歧途的年轻人予以饶恕，并且宣称，这位年轻人神经不正常，头脑存在问题。

摄政王却尽可能地躲着这些人——他已经下定了决心，这样一桩野蛮、令人发指的案件，必定要得到正义的审判。然而，这些神通广大的求情者并未轻易放弃这无理的要求。他们开始不停地纠缠，并且最终想到了一个出现在摄政王面前的方法，恳求摄政王为其家族保留一点颜面，以免在这样的公开行刑之中丢人现眼。

他们暗示摄政王，由于德·霍恩王子和权势煊赫的奥尔良家族是同盟，倘若摄政王的亲戚死于一个普通的刽子手之手，其本人也会颜面尽失。

摄政王则对于自己的名誉十分有信心。他成功地抵制住了任何求情与游说者。

摄政王进而说道，不管在行刑之中有何种羞耻，他都会愿意和其他的亲戚们分担。一天又一天，他们不断地跑到摄政王那里，不断地将新的求情理由说出来，然而，结果均是一样。最后，他们想，倘若能将圣西蒙伯爵的同情心激发起来，也许可以达到目的。要知道，对于这位伯爵，摄政王始终是十分敬重的。

德·圣西蒙伯爵是一位地道的贵族，如同他们一样，对此事感到相当吃惊。他没想到的是，一位贵族出身的谋杀犯竟然会如一个贫贱低下的重罪犯一样，被施以相同的刑罚。他向摄政王进言，声称其得罪一个如此庞大、富有、势力强大的家族，的确是一种失策行为。并且，他又敦促道，在德国，德·阿姆伯格家族拥有巨大的财富，依据法律，受车裂之刑而死的那个人的任何亲戚都不可以连任任何公职，或者出任任何公职，直至这整整一代人逝去之后，后辈方能不再受到牵连。

出于这个理由，他认为，理应将对罪犯的处罚改为砍头，原因是在整个欧洲，人们普遍认为，相比于车裂，砍头的名声要好听得多。

圣西蒙伯爵的这番话说动了摄政王的心。当他正准备表示赞同的时候，对被杀害的人的命运特别感兴趣的约翰·劳恰好走了过来，他对摄政王原来的解决办法予以赞同，并认为，理应通过法律伸张正义。

如今，德·霍恩伯爵的亲戚们所有的办法都用尽了，只好将最后的撒手锏使了出来。

在其他方法全都失效的情况下，德·罗贝克·蒙特莫伦西王子彻底陷于绝望之中。他想尽办法潜入到关押人犯的牢房中，将一瓶毒药交给德·霍恩伯爵，恳请他体面地自决，以免让整个家族蒙羞，结果德·霍恩伯爵将脑袋一偏，拒绝了王子的要求。

蒙特莫伦西王子再次对霍恩进行游说和劝导，结果，再次被拒绝。在霍恩不断的拒绝之下，蒙特莫伦西王子失去了所有的耐性，他恼羞成怒，转身就走，且边走边说："那么，死去吧，如你所愿吧，你这个卑贱的东西！你只配死于绞刑刽子手之手！"然后，再也不管不顾地让其听天由命了。

德·霍恩本人请求摄政王，希望自己可以被砍头。不过，就对摄政王意志的影响力而言，约翰·劳的作用是最大的。当然，摄政王的老师——人所共知的杜波伊神父除外。

约翰·劳坚持认为，倘若屈从于德·霍恩家族自私的看法，那将是违背公平与正义的。而且，摄政王在开始的时候就持相同的看法。于是，在德·霍恩和米勒的罪行宣判之后的六天之内，两个人在格雷夫广场上被施以车裂之刑。另一位谋杀犯列斯唐始终不曾被捉拿归案。

对巴黎人民而言，他们为这一迅速而严厉的执法行动感到很兴奋，认为这是一件大快人心的事情。在他们看来，甚至连他们的M. de Quincampoix（这是他们对约翰·劳的尊称）都站在到他们这一边，敦促摄政王对贵族铁面无私，不徇私情，也不法外开恩。

可是，抢劫和谋杀案的数量并未因此案而减少，相反，却在不断增加。当掠夺的对象变成富裕的投机者时，无人对其表示同情。

从前，公众道德废弛的程度已经十分让人瞧不起了，如今，更是变本加厉，以至于很快就散布到了中产阶级中间。

在那之前，中产阶级始终保持着相对的纯洁，其道德品质处于上层社会公开的贪婪和下层社会隐藏的罪恶之间。而如今，整个社会的每个角落，均笼罩着一种致命的、瘟疫一般的对赌博、投机的热爱，在它面前，任何公共道德，以及差不多任何个人的美德，都变得极为脆弱，不堪一击。

约翰·劳荣升审计大臣

在信心持续上涨的那段时间里，某一个时期，贸易因投机得到了进一步的促进和发展，从而成为一本万利、只赚不赔的生意。对此，在巴黎的人们特别有感受。于是，陌生人成群结队地从各地拥进首都，他们来此的目的是花钱，而非挣钱。

摄政王的母亲奥尔良公爵夫人，对这段时期内巴黎人口的增长进行了统计，结果发现，构成拥入此城市的洪流的，是来自世界各地的陌生人，总数高达30.5万人。人们只好在阁楼、厨房甚至马厩里设置铺位，为投宿者提供容身之处。

马车和各种不同的交通工具充满了各个市镇，以至于在城市的主干道上，它们只能小步慢行，以防发生意外事故。

与从前相比，这个国家的纺织工人们的生产积极性前所未有地高涨，他们不断地生产、供应着花边、丝绸、宽幅的布匹以及天鹅绒……此类奢侈品的价格增长了4倍，从而给纺织厂主们带来了丰厚的利润。

食品储备也分享到了一份丰厚的好处。面包、肉类、蔬菜的售价远超从前所知道的最高价格，而劳动力的工资也以差不多相同的比例在快速增长。从前，每天只能挣15个苏的手工工匠，如今可以挣到60个苏。

所有的地方都在建设新的房屋，整个城市在向四周飞快地扩张。一种虚无缥缈的景气之光笼罩于整个国土上，它是那么炫目，导致整个民族都眼花缭乱。他们不曾发现，地平线上那团昭示着风暴的乌云正以迅雷不及掩耳之势快速逼近。

作为神奇的魔术师，约翰·劳的魔棒制造了如此让人惊叹的变化，自然也于普遍的繁荣景气中分享到了一定的好处。最上等的贵族围绕于其妻女身边，伯爵家及王子家的继承人纷纷登门拜访，希望可以与之建立亲密的关系。

约翰·劳在法国的不同地区购置了两处金碧辉煌的房产，并且，就购买罗斯尼侯爵领地一事，和德·萨利公爵及其家族进行了交涉。

此时，他的宗教信仰已经禁锢了他进步发展的脚步。摄政王答应他，只要他愿意公开接受天主教的信条，就可以让其担任主管金融事务的审计大臣。

约翰·劳如同其他所有职业赌徒一样，不曾有什么真正的宗教信仰。于是，他非常干脆地答应了摄政王的要求，当着一大群投机者的面，在默伦教堂皈依了天主教，这件事得到了德·登辛神父的认可。

第二天，约翰·劳就成为圣洛奇教区的名誉执事。借助于这一机会，他奉献了总额高达50万里弗的捐款。他在慈善捐赠上一直十分慷慨大度，不过，却并非一直如此夸张而卖弄。私下里，他还布施了一大笔钱财。此后，只要是真实的穷困故事，只要他听到，他必定会慷慨地予以帮助。

如今，他成为这个国家里最有影响力的人物。奥尔良公爵对其洞察力以及其计划的成功充满信心，以至于有任何事情都来请教约翰·劳。不过，约翰·劳不曾被自己的财富和幸运冲昏头脑，不曾过度地自我膨胀。他还是那个朴素、和蔼可亲、感性的约翰·劳，就如同其身处逆境时的表现一样。

人们津津乐道于他对女士们殷勤备至，这种表现是出于他的善良、绅士风度，以及值得尊敬的天性，以至于他不曾让任何一位情人感到不高兴。倘若他何时犯起了自我炫耀、自我卖弄的毛病，表现出某种症状的话，那也必定是针对那些对其阿谀奉承、溜须拍马、卑躬屈膝的贵族们。当他们的马屁拍得过于露骨，以至于让人恶心的时候，约翰·劳就会十分自然地利用自我炫耀来对其加以刺激，让他们感到痛楚。

他经常为了单纯的娱乐的目的，饶有兴致地对这些贵族冷眼旁观，看他们在自己面前上演的闹剧究竟可以持续多久。对于那些偶然到巴黎来造访的本国同胞，当其来求见的时候，约翰·劳的态度则截然相反，表现得极其礼貌，对他们非常关照。

当后来的阿吉拉公爵，也就是伊斯雷伯爵阿奇伯德·坎贝尔去旺多姆广场拜访约翰·劳的时候，他只好想方设法经过那间被第一流的杰出人士围得水泄不通的前厅。这些名流显贵们全都在焦急而热切地等待着和那位伟大的金融家见面，并且，争取让自己的名字被写在新发行股份的股东名单的最上面。

约翰·劳本人正安静地端坐在书房里，给父亲留给自己的位于劳里斯顿的房产的园丁写一封信，内容竟然是关于一些卷心菜的！伯爵在书房里停留了很长一段时间，和自己的同胞约翰·劳一起玩了一把皮克牌戏。当伊斯雷伯爵离开旺多姆广场的时候，他已经被约翰·劳那安详闲适的风度、良好的理解能力和出色的教养完全吸引了。

在这些利用公众的轻信与盲目而赚取到大量的钱财，以弥补过去千疮百孔的财务状况的贵族中，必须提到的是德·波本公爵、德·古奇公爵、德·拉·佛斯公爵、德·沙尼斯伯爵和德·安亭伯爵等人；此外，还包括德·伊斯特里斯元帅、德·洛罕王子、德·勃依斯王子和德·莱恩王子。

其中，路易十四的私生子——德·蒙特斯潘夫人之子德·波本公爵，他在对密西西比股票的投机之中鸿运高照，借助投机得到的大把钞票重修了自己在尚蒂伊的皇宫，其风格之华美真是前所未闻。

此外，他还对养马相当感兴趣。为此，他大兴土木，建起了一系列马厩，从而令自己在整个欧洲长期享有盛名。他还从英国进口了150匹最出色的赛马，专为了改良法国赛马的品种。他还购置了皮卡蒂的一大片乡村产业，如此一来，他差不多拥有了瓦兹和索姆之间的所有有价值的土地。

当精明的人们获得了如此多的财富时，自然会对约翰·劳推崇备至了。相比于约翰·劳，从不曾有任何一位统治者得到如此多的褒扬与奉承。当时，每位"文学家"都对约翰·劳极尽赞美之能事。一时间，约翰·劳的面前充斥着溢美之词，这些词汇如洪水一般铺天盖地地向他涌来。

依据他们的说法，约翰·劳成了这个国家的救世主，成了法国的守护神；他所有的语言都充满了智慧，其容貌里洋溢着高贵与善良，其任何举动均散发着理性与公理。所以，不管何时，倘若他要外出，马车后面必定簇拥着一大群人。为此，摄政王不得不专门派来一队骑兵，作为约翰·劳永远的护卫者，并为其清道开路。

繁花似锦的泡沫经济

这时候，有记载说，巴黎从不曾像如今这般，充斥着那么多高雅而奢侈的物品。

大量的雕塑、绘画、手织挂毯等奢侈品从外国引进来，在巴黎找到了现成的市场。任何法国特产，闻名于世的可爱的家具和装饰品，并不是贵族们专有的玩物，就算在普通的贸易商和中产阶级的家中，也已经可以看到大量的顶级家具物品。而价格昂贵的名贵珠宝和最受欢迎的貂皮，也被带到了巴黎。

余下的例子还有，摄政王将闻名于世的大钻石买了下来，并且用自己的名字加以命名，从此，它始终装点着法国国王的皇冠，在其上熠熠生辉。

摄政王为了购买这颗巨大的稀世名钻，总计花费了3200万里弗。问题是，摄政王看起来似乎不如其人民那样，在股票投机和贸易的浪潮之中赚到了那么多钱。当人们首次向摄政王展示这颗美钻时，他拒绝购买如此奢侈的宝贝，虽然他对钻石的渴望远超其他任何东西。不过，考虑到自己对整个国家承担的责任与义务，他不能放纵自己从公众的钱袋拿出如此一笔天文数字的巨款，仅为购买如此一颗宝石。

宫廷中所有的贵妇们，都被这个义正词严而又值得尊敬的解释惊呆了。一连数日，人们听不到其他任何话题，仅有的就是表示遗憾的话：如此举世无双的宝石就要被带出法国了，不会有一个人富有到足以将其买下的程度，这真是太可惜了。人们不停地请求摄政王收回成命，不过，任何努力都是没用的，直到德·圣西蒙伯爵拼尽全力将这一重任承担下来。

圣西蒙伯爵是一个唠唠叨叨、无所事事的人。约翰·劳也紧跟着他，对摄政王提出了相同的请求。最后，"心地善良"的摄政王只好同意了。他让聪明的约翰·劳寻找合适的方法来支付这笔巨款。就这样，钻石的主人得到了满意的支付条款：在约定的期间，他将得到总额为200万里弗的证券。与此同时，这位主人还得到了那笔总额的5%作为利息。此外，这块宝石在加工过程中被切割掉的价值不菲的碎钻，也为其所有。

洋洋自得的圣西蒙在他的回忆录中，对于自己所参与的这笔交易的过程进行了详细记载。在对这颗大如青梅、形状近乎圆形、通体雪白、毫无瑕疵、重量超过500格令（1格令=0.0648克）的钻石进行了细致描写之后，他以沾沾自喜的窃笑作结。他告诉世人，自己把引导摄政王做成了这样一笔不凡的买卖当作自己的伟大功劳。

换句话说，他对能够引导着摄政王不顾自己的职责、义务，用公众的钱，以如此高昂的价格买下了如此小的一个玩意儿而感到骄傲。

于是，一系列劣行不断"发扬光大"，直至1720年年初。

发行过量的纸币，早晚会让这个国家破产——这是议会发出的警告，当权者却将其当作耳旁风置之不理。摄政王对金融哲学一窍不通，认为一个带来了这么出色的效果的系统，会一直顺利运转，不会失去控制。

倘若5亿纸币能够带来如此大的好处，那么，再发行5亿纸币必定会带来更多的好处。这是摄政王犯下的大错误，可是，约翰·劳也并未将事实的真相告诉他，从而让其消除误会。

越来越大的幻觉，因为民众异乎寻常的渴望而持续升温；印度公司和密西西比公司股票的价格越涨越高，因此，务必要发行越来越多的银行券来满足交易的需要。

也许，按这种方法建立起来的金融体系，足以与俄罗斯挥霍无度的波将金元帅修建的光芒四射的宫殿相媲美。波将金之所以修造宫殿，是为了让其情人女皇叶卡捷琳娜二世惊喜：一块又一块巨大的冰砖垒砌起来；巧夺天工、精美绝伦、爱奥尼亚风格的圆柱被精心制作出来，由此构成一个高贵典雅的柱廊；用冰制作的圆形的屋顶，在阳光下熠熠生辉，那阳光仅可以为屋顶镀上一层金色，却不曾让其融化。远远望去，整座冰宫闪闪发光，如同一座由水晶和美钻建成的宫殿。

不过，有一天，一股暖风突然从南方吹来，于是，这座庄严堂皇的宫殿逐渐消失、融化，直至最后，没有留下一丝痕迹。约翰·劳及其纸币体系也是这样——倘若群众的不信任之风稳稳地吹向它，它就会坍塌、崩溃，无人可以挽回。

金融危机开始了

　　1720年年初，第一声微弱的警报发出。由于约翰·劳拒绝按德·孔蒂王子要求的价格卖给他东印度公司的新股，于是，这位王子怀恨在心，派人来到劳氏银行，声称需要一笔巨款，且必须用铸币加以支付。这笔款项的数额之巨大，需要用三辆马车才能装下。

　　约翰·劳向摄政王诉苦，并请求他关注或许造成的后果。倘若太多的人效法孔蒂王子的做法，那么后果将是不堪设想的。摄政王心里相当清楚，他派人将德·孔蒂王子叫来，说他的行为令自己很不高兴，并且勒令王子把从银行提取的铸币之中的三分之二重新存回银行。王子不得不接受了这个专横的命令。

　　幸运的是，约翰·劳的信用并不曾因此事而造成任何威胁，原因是德·孔蒂是一个人缘极差的人。所有的人都指责他小气又贪婪，并且一致认为，约翰·劳必定因此遭受了痛苦的折磨。不过，让人奇怪的是，如此九死一生地侥幸过关，竟然不曾让约翰·劳和摄政王意识到潜在的危机，也不曾让他们抓紧控制纸币的发行。

　　没多久，人们就发现，有人因为不信任而开始学习德·孔蒂，也采取了相同的行动。虽然德·孔蒂的本意是为了报复，不过，却为这些人树立了榜样。那些头脑更加敏锐的股票投机者正确地预测出如下前景：价格不会永远上涨。

于是，以资金交易量巨大而著称的波登和拉·理查蒂尔私下里悄悄地将自己拥有的纸币分成若干份，并兑换成铸币，每次的金额都相当小，然后他们将这些铸币悄悄送到了国外。此外，他们还尽量大量地购买便于携带运输的贵金属和贵重的珠宝，并将其秘密地送往英国或者荷兰。

投机商韦马里特嗅到了马上要到来的风暴的气息，于是，小心谨慎地将总额近100万里弗的金币和银币弄到手。然后，他将这些铸币装在一辆农用双轮车上，又将其盖上厚厚的干草和牛粪。他自己则穿上了一身农民常穷的又脏又破的大罩衫，自己乔装打扮一番后安全地带着自己宝贵的财物溜到了比利时。没过多久，他又设法将自己的宝贝由比利时运到了阿姆斯特丹。

到此时为止，所有阶层的人要想尽量弄到他们需要的铸币时，还未遇到任何困难。不过，若此体系想长期维持下去，而不引起铸币的短缺与匮乏，将是不可能的。当各方面的抱怨声不时传出的时候，人们开始组织起来对问题加以研究，很快就发现了问题所在。

对于采取何种方法来应对此问题，委员会进行了长期的讨论，约翰·劳也被召去征求意见。约翰·劳认为，理应颁布一项法令，让铸币相对于纸币的币值贬值5%。结果，这样的法令就被公示出来。可是，考虑到此法令不曾达到预期的目的，另一条法令又紧随其后颁布下来，即让铸币贬值的程度由5%增加到10%。

与此同时，银行的付款也加以限制，规定每次仅能支取100里弗的金币和10里弗的银币。人们因为政府的所有这些举措，而进一步丧失了信心，虽然银行现金支付的限制这样严格，在一定程度上维持了银行的信用。

尽管政府想尽方法对铸币进行控制，不过，法国国内的贵金属还是不断地被运往英国和荷兰。那些留在国内的铸币因为数量已经很少，因此，被人们小心翼翼地保存或者窖藏起来，直至铸币短缺的情况变得相当严重，以至于贸易运行无法继续顺利地进行下去。

在此种危急的情况下，约翰·劳决定孤注一掷，进行一次大胆的尝试——禁止使用任何铸币。

1720年2月，又一项法令得以颁布。这项法令的颁布目的在于重振人们对纸币的信用，结果却事与愿违，纸币的信用被彻底破坏，严重到了无可挽回的程度。于是，整个国家被推到了革命的危险边缘。

这项著名的法令不允许任何人拥有超过500里弗（相当于20英镑）的铸币，违者将被处以高额罚款，并将所发现的全部铸币财产充公。除此以外，该法令还不允许人们购买珠宝、贵金属和珍稀的宝石，并且鼓励人们揭发违反该法令的人士，同时承诺，告密者可以得到所发现财物总金额的一半作为奖励。

对于这样闻所未闻的暴政，全国上下均发出了悲痛、绝望的呼号。每天都会发生最令人深恶痛绝的迫害、逼供事件。告密者及其代理人趁机不断打探、破坏别人家的隐私，甚至连最正直、最诚实的人也被宣布为罪犯，原因是据说曾有人看到他们的财产中有金路易。

仆人们也纷纷背叛、出卖自己的主人，有一个公民竟然变成了邻居家的间谍！

被逮捕拘留的人和没收财产的案件数量在成倍增长，以至于法官们发现，自己实在难以应对随时发生的、数量无限增长的办案业务。倘若一个告密者声称，其怀疑某个人在家里藏匿了铸币，那么，此人就会收到搜查令。

　　英国大使斯特尔先生说，如今，人们已经不会质疑劳钣依天主教的真诚与否了。因为他将如此多的黄金变成了纸，为自己那变态的虔诚提供了充分的证据，在法国再次建立起审判异端的宗教法庭。

　　摄政王和忧心忡忡的约翰·劳被千夫所指，满怀仇恨的人们纷纷以恶毒的话诅咒他们。

　　由于硬币的金额一旦超过500里弗，就被称为非法货币，于是，人们都尽可能地不接受纸币。如今的人们均不清楚，明天自己的纸币还剩多少价值。

　　杜克罗斯在其作品《摄政王秘史回忆录》中说："从不曾看到比这个政府更反复无常的政府，从不曾看到哪个政府采用如此冷酷强硬的手段推行比这更赤裸裸的暴政。对于那些目睹了当时的恐慌，现在回想起来仍如做了一场噩梦的人们而言，这的确是无法相信的事情，当时竟然不曾发生一场突如其来的革命——约翰·劳和摄政王竟然不曾落到悲惨死去的下场。约翰·劳和摄政王都非常害怕人们起来造反，不过，人们的行动也仅是抱怨罢了；人们被一种阴郁而怯懦的失望、一种愚蠢的惊慌紧紧抓住了。人们的精神过于卑贱，以至于无法挺直腰杆进行一次有勇气的犯罪。"

　　有一次，看上去人们似乎正在组织一次运动。墙壁上张贴着反对摄政当局的叛乱性文章。并且，这些文章还被印在传单上，送到那些最引人注目的人物家中。

　　据《摄政王回忆录》的记载，其中一份文章是这样写的："女士们，先生们：我们在此提请你们注意，倘若事情不会变化的话，我们将于星期六和星期日再次举办圣巴托洛缪节活动。你们最好不要瞎搅和，无论是你们本人还是你们的仆人。上帝保佑你们不被火焰灼烧！请通知你们的邻居。时间：1720年5月27日，星期六。"

无数的间谍、密探遍布于城市的每个角落，这让人与人之间产生了不信任感，在晚上发生了一些小小的破坏事件之后（制造这些事件的那个不值得一提的集团没多久就解散了），首都巴黎的和平与安定也丧失了保障。

路易斯安那公司（也称密西西比公司）的股票价格快速下跌，实际上，从前有人讲起的密西西比的无尽财富的神话，已经不再有任何人相信了。

约翰·劳和摄政王进行了最后的努力，为的是重建公众对于密西西比项目的信心。为此，政府下令召集巴黎城里所有的贫苦百姓，其中，大约6000名被社会遗弃的人不得不去服役，就如同战时征召入伍一样。他们得到了政府提供的衣服和工具，然后，投入到美国新奥尔良地区的事业中去。据称，那里产量丰富的金矿迫切需要工人。

就这样，一天又一天，这些人扛着叉子和铲子在街道上游行，然后，他们被分成若干小分队，由海港出发，前往美国。实际上，他们中仅三分之一的人到达了目的地，余下的三分之二在中途当了逃兵，用自己的工具换取了任何他们可以得到的东西，然后重新回到原来的生活中。于是之后，在不到三个星期的时间里，人们就再度于巴黎发现他们中二分之一人的身影。

然而，密西西比公司的股票价格却因为这一小小的闹剧得以上升了一点。这是因为许多极易受骗上当的人对于以下的消息确信无疑：一家新成立的名为戈尔康达的公司已经开始了高效的掘金工作，法国人不久就可以重新看到金锭和银锭了。

　　在君主立宪制的国家，若想将公共信用重新建立起来，某些更加切实可信的措施是势必要采取的。在英国，接下来的一个时期里，和法国相似的危难与不幸，同样因为和这一切相似的幻觉而发生，但是，政府为拯救危局所采取的措施、方法却和法国有着天壤之别！

　　更不幸的是，在法国，灾难的始作俑者同时也是救治灾难的医生。摄政王专断地想将这个国家解救出来，可是，他的做法却让这个国家陷入更深重的灾难之中——任何支付都要求必须用纸币进行。

　　就在2月1日到5月底期间，纸币的发行量高达15亿里弗，约合6000万英镑。此时，人们对那些不能兑换为贵金属的纸币难以产生丝毫的信心。巴黎议会主席M.拉姆伯特面呈摄政王，声称自己宁愿得到10万里弗的黄金或者白银，也不愿意得到这家银行发行的500万钞票。

　　当人们不约而同在内心存在此种想法的时候，过量发行的纸币已经让形势越来越恶化，更大的失衡出现于循环流通之中的铸币总量和纸币总量之间。原本，摄政王是打算让硬币的价值贬值，出人意料的是，它却随着每一次新出炉的、企图将其消灭掉的尝试而身价倍增。

　　2月间，摄政王认为，皇家银行理应和东印度公司合并，从而组成一家新的公司。于是，议会颁布了这条法令：这家银行发行的钞票的担保人仍旧是国家，非经委员会的准许，银行不得继续发行新的钞票。

　　到此为止，银行将所有的利润从约翰·劳的手中夺来，由此成立了一个国家机构——摄政王将其交给了东印度公司管理。在很短的一段时间里，这项举措曾经让该公司的路易斯安那股票以及其他股票的价值略有上涨，不过，从长远来看，公众的信心依旧无力得到恢复。

约翰·劳成了丧家之犬

1721年5月初的时候，国家委员会召开了一次会议，出席会议的包括约翰·劳、德·阿金森和所有的大臣。就在那个时候，流通中的纸币总量被计算出来，约为26亿里弗，可实际上，国家的铸币总值还不到13亿里弗。显而易见，在委员会中的绝大多数人来看，采取必要的措施让通货平衡下来是当前最紧急的事情。

有人提议，理应让纸币的数量缩减，使之与铸币的价值相当，不过，其他人则提议提升铸币的价值，使其和纸币的数量相等。据说，对于这两种建议，约翰·劳的态度均持反对意见。不过，他本人也想不出别的解决办法。

最终，议会得出共同的意见，那就是将纸币的价值缩减一半。就这样，5月21日，一项法令得到颁布，内容是关于印度公司的股票以及银行的钞票要逐渐贬值，一年之后，其价值理应为其名义价值的一半。

然而，议会却拒绝了注册这一法令的要求，原因是此举激起了最为强烈的不满，国家政权由此处于危机之中。为了保持社会安宁，摄政王的顾问委员会只好将已经下达的命令收回，又于5月27日颁布了另一条让纸币恢复其原有币值的法令。

　　同样是5月27日，银行不再支付铸币。内阁将约翰·劳和德·阿金森驱逐出去。摄政王本就优柔寡断，更兼懦弱无能，此时，便把约翰·劳推出来承担所有的骂名。可怜的约翰·劳就此成为矛盾中的焦点人物，以至于当他来到皇宫请求晋见摄政王时，竟然被严词拒绝。

　　不过，当天黑之后，摄政王还是让人将约翰·劳召来。约翰·劳这回是从一个秘门进入皇宫的。此时，摄政王费尽口舌对约翰·劳加以安慰，并且，多方解释自己之所以在公众面前对其施以严惩的原因，务求约翰·劳可以谅解自己。然而，他的行为是那么变化无常，甚至在两天后，他竟然公开带着约翰·劳到剧院看戏，而且还让约翰·劳坐在皇家包厢自己的身边。同时，摄政王在公众面前对约翰·劳也依旧优待有加。

　　然而，人们对约翰·劳可谓恨之入骨，以至于事后证明，摄政王此举不但于劳无益，甚至对他造成了差不多是致命的伤害。有一回，当约翰·劳的马车正要驶入自家大门时，突遭暴怒的人群投掷的石块袭击。若不是其车夫为人机警，突然将马车赶到院子里，若不是仆人们眼疾手快，马上将大门关上，约翰·劳一定会遇害，甚至被这些人拉出去撕扯成了碎片。

　　接下来的那一天，暴徒又袭击了约翰·劳的妻女。当时，她们看完赛马，正乘马车行驶在回家的途中。当这些事件被摄政王知道之后，他将一队强悍的瑞士保镖送到了约翰·劳的身边。这些人夜以继日地守护在约翰·劳的居所周围，为的是保证约翰·劳的安全。

　　最后，公众的愤怒增长得如此之快，以至于约翰·劳甚至发现，纵然有如此强悍的护卫守护着自己的房子，自己还是危在旦夕。于是，他只好仓皇逃入皇宫避难，以摄政王的家为家。

挽救行动以失败告终

1718年，大臣德·阿古苏被召回宫廷。之前，此人曾经因为反对约翰·劳的计划而被逐出内阁。之所以召回他，为的就是帮助政府恢复信用。可惜，摄政王醒悟得过晚了，他承认，自己在对待那个腐朽堕落的时代之中最能干的人之一，也许也是那个时代唯一正直诚实的公众人物的时候，态度过于苛刻与严厉，有失公允，并且对其缺乏信任。

自从德·阿古苏忍辱负重地回到自己位于弗兰尼斯乡村的老家后，已经处于退休状态。在那里，阿古苏沉浸于严肃、艰深但又令人愉悦的哲学研究中，已经将那场毫无价值的宫廷纷争的导火索忘得一干二净。

骑士德·康弗兰斯受命乘坐邮车由巴黎赶赴弗兰尼斯，对这位前财政大臣百般抚慰，欢迎其重返巴黎。德·阿古苏义不容辞地接受了征召，愿意尽己所能地帮助政府重建金融秩序。虽然他的朋友们建议他不要回去，且不赞成他接受摄政王的召唤，认为他不应该再次进入约翰·劳主事的部门中去。

德·阿古苏到达巴黎的时候，议会的五位委员已经获准和金融委员会就挽救市场信心一事进行商讨。

当年6月1日，一项命令被颁布，废除了此前那项将积攒、囤积硬币数量超过500里弗的行为定为犯罪的法律。任何人均可以按照自己的意愿拥有任何数量的铸币。而为了将发行在外的银行钞票全部收回，金融机构创造了25万里弗的新票据。该新票据根据巴黎城市每年的收入为保证，年收益率是2.5%。

在维勒旅馆门前，那些收回的银行券被公开焚毁。新的票据本金价值是每份10里弗。6月10日，银行重新开张，重新得到足够的银行券以便作为找头。

这些措施得到了巨大的实惠。巴黎的所有民众都急匆匆地跑到银行，将其拥有的小额票据兑换成硬币。此时，银子越来越稀缺，于是，银行在支付这些小额票据时，采用了铜币的方式。虽说铜币的分量相当沉重，不过，极少数人对此口出怨言。

你可以看到，可怜的人们背负着那沉甸甸的铜币，艰难地走在大街上，为此累得汗流浃背。他们背上的包袱太过沉重，以至于远超其可以轻松背负的程度——而那只不过是50里弗的零钱。群众将银行周围围得水泄不通，差不多每天都会有一两个人被拥挤、践踏而死。

7月9日，群众变得更加密集，周围变得更为喧嚣，为此，驻守于马扎林花园门口的卫兵们不得不将大门关上，禁止任何人再进入。

见此情景，群众变得相当激动和愤怒，他们开始隔着围栏将石子掷向士兵们。如此一来，士兵们被激怒了，声称要对人群开火。就在此时，一块石头击中了一个士兵，他端起手中的枪向人群射击起来，结果是一个人当场死亡，一个人受了重伤。眼看着就将爆发一场对银行的群众性攻击。

就在此时，马扎林花园的大门被打开，一整队荷枪实弹，端着寒光闪闪的刺刀的士兵列队相向。群众则不敢再向前靠近，只能借助于呻吟声和嘘声发泄愤怒之情。

8天之后，因拥挤造成的伤亡情况变得更加惨重，以至于挤死于银行大门口的人数已达15人之多。人们更加愤怒了，于是，将3具尸体陈放在担架上。随即，一支多达8000人的队伍向着皇宫花园行进，为的是向摄政王展示、证明，他与约翰·劳给这个国家造成的不幸。

此时，约翰·劳的车夫恰巧正在车厢里，而马车就停在皇宫的庭院里。这位车夫恰巧是一个莽撞多于谨慎之人，听着这些暴徒辱骂他的主人，车夫很不高兴。于是，他用那种大到可以让许多人听到的声音说："你们都是些流氓无赖，理应被绞死。"

这下他可捅了马蜂窝，暴怒的群众立即向他发起袭击，因为他们认为约翰·劳就在马车里，于是将马车砸成了碎片。这位鲁莽的马车夫历尽艰险才保住了自己的小命。所幸，悲剧不曾进一步恶化，此时，一队士兵出现了，在摄政王承诺用自己的钱为这三位死者举行体面的葬礼之后，群众就乖乖地散开了。

当这幕闹剧上演的时候，议会正在召开会议。议会议长主动出去了解发生了何事。当他回来告诉大家，暴徒们将约翰·劳的马车砸了个稀烂时，每一个议员都站了起来，一个个兴奋无比。此时，相比于其他人，有一个人对约翰·劳的仇恨更加强烈，他叫喊着："约翰·劳本人呢？他不曾被撕成碎片吗？"

毋庸置疑，此刻，保住印度公司的信用最重要。对于这个国家，它理应承担更多的责任。于是，内阁委员会提出建议，声称任何为了让该公司完成自己的职责所能够给予其的特权，都会带来最令人满意的结果。依据这样一种观点，他们提出这样的建议，保证印度公司任何海上业务的排他性特权，并且，以此为主要内容颁发一项法令。不过，不幸的是，人们忘记了，这样的一种举措会重创这个国家的所有商业信用。

全国上下都在密切关注着这一无限优先权的主张。议会接到了无数份请愿书，提请他们拒绝通过这样的一条法令。于是，议会否决了该项法令。可是，摄政王却说他们所能做的只是蛊惑人心，煽动人们的不满情绪，并且威胁要将他们放逐到布洛伊。

最终，在德·阿古苏的干预下，他们的流放地改成了庞托伊斯。于是，庞托伊斯成了委员们的聚集地，他们决心无视摄政王的权威，并做好各种准备，为的是让自己短暂的流放生活过得尽可能愉悦、顺心。

议会议长为巴黎的这些最快乐、最机智的伙伴们提供了最高雅、体面的晚餐。每天晚上，他们都为贵妇人们举办音乐会和舞会。那些从来衣冠楚楚、严肃庄重、不苟言笑的法官和议员们，如今都聚在一起打牌，或者从事其他的消遣活动。

在这几个星期里，他们度过了一生之中最奢侈、最快乐的时光。他们的目的就是为了告诉摄政王，他们对于被放逐的后果根本不在意；并且，倘若他们愿意，他们就可以让庞托伊斯成为一个比巴黎更加可爱的居留之所。

法国人民唱歌、画漫画、编故事疗伤

在世界上任何民族之中，就歌唱自己的悲哀、疗愈自己的伤口方面而言，法国人是最著名的。

有人曾经对这个国家进行如此评价，这一评价可以说十分真实：由这个国家的歌曲，可以追溯其整个历史。

当约翰·劳那精心计划的、巧夺天工的计划最终失败时，他本人也因此变得臭名远扬、恶名昭著，于是，自然被人们群起而"嘲讽"了。当他的肖像漫画出现在任何一家商店里的时候，人们的歌声就会久久地回荡于大街上，而约翰·劳和摄政王毫无意外地成了歌曲中的主人公。

在这些歌曲中，存在着众多的不雅之处；其中有一首尤其着重于他是如何利用那些纸币的。当然，这种方式是作为纸张所能够做的最为不雅的事了。

不过，奥尔良伯爵夫人在自己的信件中记录下来的那首歌，却是其中最出色、最受欢迎的一首，人们在巴黎的每个广场上吟唱着它，长达数月之久。这首歌的旋律相当欢快：

当拉斯先生（也就是约翰·劳）来到我们美丽的家园时，

摄政王告诉大家，拉斯将会帮助我们重建国家。

啦啦啦，啦啦啦！

他让我们成了暴发户，

哔哩哔！

为了攫取全法兰西的金钱，

这个异教徒一定要骗取我们的信任。

他先将自己的信仰放弃，

啦啦啦，啦啦啦！

这个骗子皈依了天主教，

哔哩哔！

拉斯是撒旦的儿子，

他让我们沦落到接受施舍的地步，

他将我们的钱全部拿走了。

不过摄政王既仁慈又善良，

啦啦啦，啦啦啦！

他将我们被骗去的东西还回来。

哔里哔！

以下，是同时期的一首民谣：

星期一，我买了股票，

星期二，我赚到了钞票，

星期三，我安顿好一家人，

星期四，我装饰我的新家，

星期五，我开了一场盛大的舞会，

星期六，我却像霜打的茄子一样——蔫巴了。

在一些大量印发的讽刺画中，借助于平实的手法，漫画者将法国国民已经认识到的这场闹剧的疯狂与可笑画了出来，就如同在描述一件十分庄重、严肃的事情一般。其中，一幅漫画的摹本被收藏在《摄政王时期回忆录》中。

其作者是如此描述这幅画的：

"'股票女神'乘坐着由疯狂之神驱赶的战车。长着一条木腿的密西西比公司、南海公司、英格兰银行、赛尼格尔公司，以及各种各样的金融机构化身在前面拖着战车。他们担心这辆战车跑得太慢，于是，在这些公司的代理人（他们以长长的狐狸尾巴和机灵狡猾的外貌而闻名）的驱使下，车轮疯狂地转动着，其上标明了几种股票的名称和价值。

"伴随着车轮的转动，这些股票的价值时高时低，变化不定。各种商品、合法商业的流水账与分类账堆放在地上，被疯狂的战车碾得粉碎。无数的民众紧随于这辆战车之后，他们被分为不同年龄段，无论男女，无论贵贱，均一边高呼着财富，一边互相争斗着，为的是得到股票女神在他们之间慷慨地分配的股票中的一部分。一个恶魔坐在云端，嘴巴里吹着肥皂泡，而这些肥皂泡正代表着群众向往、贪慕的对象。一座巨大的建筑物耸立在战车的前方，将战车的前行之路挡住。

"这是一个有三道大门的建筑物，战车若想通过，一定要由其中的一道门中经过，如此一来，紧随其后的人们也才可以走下去。第一道门上写着'疯人院'，第二道门上写着'医院'，第三道门上则写着'济贫院'。"

另一幅漫画所画的内容是：约翰·劳坐于一个巨大的锅里，烈焰熊熊燃烧，锅里的水沸腾着，狂怒的人群挤满了锅的周围，正将自己所有的黄金和白银倒入其中，然后高高兴兴地拿回兑换出来的纸币。约翰·劳坐在他们中间，大把大把地分配着这些纸币。

混乱的时局

当人们的激愤之情还在发酵的时候，约翰·劳变得格外小心，甚至出门也一定要在护卫的陪伴下。他将自己关在摄政王的寓所里，为的是躲开任何可能出现的袭击。不管何时，若他想冒险外出，他必定要乔装打扮一番，或是乘坐皇家的马车，由一队孔武有力的卫兵进行护送，借助皇家这块强有力的护身符来保护自己。

关于约翰·劳遭到人们怎样的痛恨，有一则相当有意思的逸事。这个故事说明，一旦约翰·劳落入人们之手，其将会遭到什么样的"虐待"，沦落到何种可鄙的境地。

故事的大意如下：一位叫波尔塞的绅士，有一天正乘坐着自己的马车行进在圣安东尼大街上。这时，其前行之路被一辆停在路上的轿式大马车拦住了。波尔塞先生的仆人不耐烦地让这辆轿式马车的车夫尽快让路，结果被对方拒绝了。于是，一怒之下，波尔塞先生的仆人对着车夫的面门挥拳一击。没过多久，大量围观者聚集过来，围观这场风波，而波尔塞先生也不得不立即走下马车，想让事情平息下来。

轿式马车的车夫认为对方又添了帮手，自己还会遭到新的攻击，于是急中生智地想出了一个好办法。他尽可能大声地叫嚷道："救命啊！杀人啦！我要被约翰·劳和他的仆人杀死啦！救命啊！救命啊！"听到他的呼救声，人们纷纷手持棍棒以及其他武器赶来。同时，暴怒的民众们还捡起了石头，要将自己满腔的怨恨倾泻到这位想象中的金融家身上。

令波尔塞及其仆人庆幸的是，耶稣教堂的大门是敞开着的，二人面对即将降临的厄运，马上用尽全力跑到教堂的祭坛前，身后紧跟着一大群穷追不舍的人。当二人发现，敞开的大门可以直接通向神圣之所时，于是无所顾忌地飞一般蹿进门去，随后马上将门关上了。若不是如此，他俩必定会被打得鼻青脸肿了。

接下来，暴怒的群众听到警报响起，在义愤填膺的牧师们的劝说下才悻悻然离开了教堂。然而，当他们发现波尔塞的马车还停在街上时，这辆马车就成了可怜的替罪羊，让这些人畅快地将自己的不满与怨毒发泄出来。当然，在疯狂的打砸下，这辆马车也变得支离破碎了。

密西西比王朝走向穷途末路

用巴黎城的市政收入作为保证的2500万票据，利率只有2.5%，在持有密西西比股票的大股东之间并不特别受欢迎。所以，证券的转换工作相当艰难。许多人宁愿选择保留劳氏公司的股票，虽然其价值在持续下降，不过，他们始终盼望着终有一日情况会向着有利的方向发展。

8月15日，一项旨在加快证券转换进程的法令得以公布，内容是：要求任何一种金额在1000—10000里弗之间的钞票不得流通，仅可用来购买年金或存入银行，或者用来支持还不到期的劳氏公司股票的分期付款。

紧跟着，10月份的时候，又颁布了另一项法令，宣布在接下来的11月，不管价值怎样，任何钞票都将被取缔，不允许流通。将印度公司（或者说密西西比公司）原来拥有的经营造币厂、掌管国内税收，以及其他的任何优势与特权均予以剥夺，使之降格成为一家地道的私人公司。

对于整个体系来说，这的确是相当致命的一击。如今，约翰·劳的敌人将这一体系牢牢掌握于手中。

约翰·劳失去了在金融委员会中所有的影响力，而公司也因为所有的特权被剥夺而无法兑现自己的承诺。

那些涉嫌在公众的幻觉还处于高位之时谋取了不法暴利的人，都被揪了出来，并且得到高额罚款的处罚。一道命令被提前颁布，即必须要列示出原始股东的名单。那些仍旧持有公司股票的人，务必将股票存在公司里；而那些持有股票数量少于自己名义下持有的数量的股东，如今必须要以每股13500里弗的价格向公司购回其股票，可是事实上，该股票的市价仅为每股500里弗。

命令下达后，股东们不是选择坐以待毙，听话地将这笔数量巨大的、实际已经贬值的股票购买回来，而是带着自己能带走的全部财产到国外尽力寻找一处藏身之地。

随即，这道命令又下发到了港口和边境当局，要求缉拿每个试图出境的旅行者，直至查明其是否随身携带着贵金属或者珠宝，或者他们是否和最近的股票投机案件有关联。当时，能够顺利逃出的人太少了。而据记载，那些试图逃走又被抓回的人，有的被判处了死刑。那些选择留下来的人，则被政府颁布的最专断的法律提起诉讼。

穷途末路的约翰·劳

一时失意的打击，让约翰·劳产生了离开这个无法保障自身安全的国家。

起初，他只是想离开巴黎，到自己的一处乡间府邸避难。他的这个请求得到了摄政王的批准。对于事情发展到如此地步，摄政王当然极度不满。不过，考虑到约翰·劳的金融体系的真实性与有效性，他还是对将来充满了信心。

对于摄政王而言，他的双眼仅盯在他本人的过失上；在他有限的余生之中，他始终期盼着可以得到一个机会，从而将法兰西的信用体系在一个更加安全稳固的基础上重建起来。据记载，在约翰·劳和这位王子最后一次见面时，摄政王说："我承认自己犯了很多的错误。而我犯错误的原因，是因为我是一个人，而是人就要犯错误。不过，我以最严肃、庄重的方式向您宣布：在我所犯的错误中，不曾存在任何一个邪恶动机或虚假动机。在我所做的任何事情中，不会找到一点儿邪恶、不忠的行为。"

当约翰·劳离开皇宫的两三天后，一封来自摄政王的言辞温雅的信被送到他手中。在信中，摄政王同意约翰·劳在任何时候离开法国，同时声明，自己已经下了命令，将约翰·劳的护照准备好了。与此同时，摄政王还答应，倘若约翰·劳需要，可以为其提供不拘数字的金钱。

约翰·劳对摄政王提供的金钱尊敬地予以拒绝，然后乘坐一辆原为波本公爵的情妇德·普瑞夫人所有的驿站马车离开，目的地是布鲁塞尔。沿途护送他的是六名骑兵卫士。此后，他由布鲁塞尔辗转去了威尼斯。

他在威尼斯停留了几个月。对那里的人民而言，他成了最大的好奇心的核心，人们确信，他拥有不可计数的财富。可是，这种猜测是最为荒谬的。约翰·劳是一个一生的大部分时间都从事赌博的男人，人们意外地发现了他的慷慨大方——他拒绝了以一个国家为代价为自己谋取财富的机会。

当公众疯狂地沉浸于密西西比股票投机的高潮期时，他确信，自己的计划一定能成功地令法兰西成为欧洲最富有也最强盛的国家。他用自己的全部收入购买了法国的地产，这一点可以相当有力地证明，他本人对自己计划的稳定性的信心。

他不曾囤积任何贵金属或者珠宝，也不像那些虚伪的投机客一般，将资金转移到国外。他将所有的钱均投资到法国的土地上，除了一颗价值大约5000—6000英镑的钻石；当他离开那个国家的时候，他差不多已经沦为一个乞丐。

仅此一项事实，就可以让其余生不会因为诈骗行为的指控而感到痛苦，而对他的这一指控是那样频繁，这种不公正的指控一直纠缠着他。

当法国人得知他离开法国时，他所有的房产以及珍贵的藏书马上被充公了。余下的财产中，当初他付出500万里弗购买的为维持其妻儿生活的一份20万里弗（相当于8000英镑）的年金也被没收，虽然在其权倾朝野、盛名远播的时候，曾有一项特别法令明确宣称，个人年金不管何时都不会被充公。

约翰·劳的逃跑激发了人们的怒火。无论是愤怒的民众还是议会，都希望看到约翰·劳被送上绞刑架。甚至连那些不曾遭受这场金融改革之苦的少数人也感到庆幸，约翰·劳这个骗子总算离开了法国。然而，任何一个（他们是人数最多的阶层）利益遭损害的人都会遗憾地发现，他对这个国家的危难，以及造成此种危难的原因有着深刻的洞察，却无力让这个国家寻找到医治痼疾的良方。

在金融委员会和摄政委员会的一次会议上，诸多文件摆在桌面上，由此可以了解，流通中的纸币数量总额是27亿。摄政王受命对此进行解释，何以会出现实际发行纸币的日期和法令授权发行纸币的日期不相符的状况。他原本可以选择自己承担所有的责任，而且，此举不会让其遭到任何危害。不过，他却选择了将一个不在场的人拖下水，与自己共同承担这一罪名。他声称，一切都是约翰·劳自作主张、擅用职权，在不同的时间里发行了12亿纸币，而他本人发现时，事情已经变得无可挽回，不得不将授权增发纸币的法令上的日期提前，为的就是帮助约翰·劳遮掩事实。

倘若当时他选择将事实的真相大白于天下，公开承认自己和约翰·劳被诱导着犯下错误，导致金融投机超越了安全的界限，并承认一切都是因为自己的虚荣心和好大喜功的心态，其实，是可以为其挽回荣誉的。结果，他的做法让其本人蒙羞。

在那次会议上，还确定了1721年1月1日那一天的国内债务超过了31亿里弗（1.24亿英镑），而这些债务的利息累计高达319.6万英镑。议会马上指定成立一个专门的委员会，核查国债的债权人的所有证券情况。这些债权人被他们划分为五个等级，前四个等级中包括那些以真实财产购买证券的人，而第五个等级则包括那些无法证明自己从事过的交易真实且合法的人。

依照此命令，前四个等级的人会接受更加严格、彻底的检查，第五个等级的证券将被销毁。

这个委员会提交了一份调查报告，在报告中，他们提出了忠告，将这些证券的利息减到5600万里弗。为了增加此项建议的说服力，他们针对自己发现的诸多侵吞公款及敲诈勒索的行为进行了陈述。于是，一份被议会及时登记和认可并以此为基本思想起草的法令被公示于众。

随即，另一个以德·阿森诺办公室为名的特种法庭也组建了起来，目的是为了确认最后那段不愉快的时期中金融部门发生的全部营私舞弊的行为。

人们发现，执掌要务的大臣法洪纳特与克莱门特神父，连同大臣的两位雇员，均涉嫌参与了各种挪用、侵吞公款的事件，涉事总金额高达100万里弗。最终，法洪纳特和克莱门特神父被判处砍头之刑，那两名职员也被施以绞刑。不过后来，他们又被改判为终身囚禁于巴士底狱。

此外，不可计数的其他渎职行为也被公之于众，涉案者均被判以罚款或者监禁的处罚。

德·阿金森、约翰·劳、摄政王成了所有那些和密西西比疯狂相关的人们怨恨的目标。人们将阿金森从内阁大臣的位置上赶了下来，并让德·阿古苏取代了他；不过，阿金森还是保留着"掌玺大臣"的头衔，并且得到许可，可以在任意时间参加政务会议。

不过，阿金森本人则认为，离开巴黎到其乡村领地过一段隐居生活或许更好。然而，退休的生活并不适合他。因为他每天忧心忡忡且牢骚满腹，加之长期以来形成的疾病急剧恶化，结果，在1年的时间里，他就死去了。

生前，他遭到巴黎的老百姓的极度痛恨，甚至在其死后，人们还将仇恨带到了他的坟墓里。当他的出殡队伍向其家族墓地圣尼古拉斯·杜·夏东内特教堂行进时，一群暴动的民众将他们包围了。阿金森的两个儿子是主要的送葬者，紧随棺木而行。面对此景，兄弟俩只好以最快的速度骑马沿小路落荒而逃，从而免于遭到可怕的攻击。

至于约翰·劳本人，他有时候还心存幻想，希望可以得到重回法国的机会，这样一来，就可以帮助法国在一个更坚实的基础上重建国家信用。然而，1723年，摄政王去世。当时，摄政王正与其情妇法拉利斯公爵夫人在壁炉边谈话，结果猝死了。因为他的死，约翰·劳最后的希望也破灭了，他只好重操旧业，再度从事赌博的老本行。

他曾数次将那颗钻石——代表着他曾经拥有巨大财富与荣耀的唯一纪念品——典当出去。不过，一般的情况下，他总能借助于自己精湛的赌技将其赎回来。

在罗马期间，因为被债主困扰，约翰·劳不得不来到哥本哈根，在那里，他获得英国政府的允许，得以在自己的祖国居住。1719年，对其杀害威尔逊先生一事所发布的赦免令送到了他手中。接下来，他就乘坐海军上将的船回到了英国。

约翰·劳返国一事，曾在英国上院引起过一段小小的争论。康宁斯柏伯爵对此抱怨说，一个曾经宣誓背弃自己的国家和宗教之人，竟然会得到如此高的待遇！

　　他还就此事表达了自己的观点：正当南海公司的董事们用自己大胆得令人发指的手段让英国人民无所适从的时候，约翰·劳在英国出现，或许会引发更大的危险。为此，他曾提出一项动议。不过，此动议却在上院审议中流产了。他的观点遭到了上院其他成员的反对，他们毫不认同其贵族式的恐惧。

　　约翰·劳在英国停留了差不多4年的时间，此后，就去了威尼斯。最终，他于1729年死于此地。他死的时候境况相当窘迫、狼狈。

　　以下的墓志铭，就是作于那时的：

　　此地长眠着一个著名的苏格兰人，

　　其计算能力天下无双；

　　此人凭着数学法则，

　　把法国送进了医院。

　　他的哥哥威廉·劳，曾经和他共同涉足劳氏银行和路易斯安那公司的管理事务，因为涉嫌贪污被关进了巴士底狱。不过，由于找不到证据而无法为其定罪。结果15个月后，他获释，并创立了一个家族，也就是如今在法国极具声望的劳里斯顿侯爵家族。

　　在接下来的一章里，我们会发现，在同一时期的英国，疯狂的投机行为，在人群中同样传染、蔓延着。

　　当时的英国环境和法国特别相似，不过，因为立宪制政府的果断处置，相比法国，发生在英国的这次疯狂事件所造成的后果要小得多。

南海泡沫事件

最终，腐败就如同一波波洪水一样泛滥成灾；

而贪婪还在继续蔓延、扩散，如同从地平线上升起的雾气，将太阳的光芒遮住。

政客和爱国者都在进行股票投机，贵族和管家们分享着共同的窘境；

法官们投机成风，主教们无耻地下着赌注；

大权在握的公爵们甚至为了半个克朗而洗牌。

英格兰深陷于金钱可耻的迷魅泥潭难以自拔。

——蒲伯

蜚声英格兰的南海公司

由于英国的公共信用因辉格政府的解散而造成极大的伤害，于是，1711年，著名的牛津伯爵哈利创办了南海公司。

该公司成立的目的有二：一是打算重建公共信用；二是为了提供陆军和海军信用债券，以及其他一部分流动负债的清偿手段——当时，这些债务总额之巨，甚至接近1000万英镑。

彼时，一家商业公司将这笔债务扛了下来。这家公司当时还没有名字，而政府开出的条件是，同意在一定时期内担保其年利率为6%。为了支付每年高达60万英镑的利息，酒类、醋、印度货物、精制丝绸、烟草、鱼翅以及其他一些商品的税收，被政府永久性地转移给该公司，以示对该公司的报答。

当这家公司获得了政府给予的南海贸易的垄断特权后，这个由议会法案组建而成的公司就此获得了一个响当当的名字——南海公司，并从此蜚声整个英格兰。

牛津伯爵为自己在这一交易中发挥的巨大作用感到分外自豪，而尾随他的马屁精也常常把这个计划称为"牛津伯爵的杰作"。还在南海公司发展的早期阶段，由其描画的一幅极具幻想和诱惑力的远景，就迷惑了无数人的心智，即民众和投机客对南美洲东海岸那无数财富的渴望。

关于秘鲁和墨西哥的金矿和银矿，每个人都听说过。人人都对这点坚信不疑：这些金山银山是取之不尽，用之不竭的。如果英格兰的产品能被运送到大洋彼岸，那么，当地的土著就会将价值百倍的金锭和银锭付给英国人。

有一则消息如同插上了翅膀一样不胫而走，内容是这样的：西班牙很愿意做出让步，同意该公司使用其在智利和秘鲁沿岸的四个港口。公众的信心因为这一消息而进一步增强了。在很多年里，南海公司的股票都特别受欢迎，可谓抢手之极。

不过，西班牙的菲利普五世却从未想过对英国人放开其在美洲港口进行自由贸易的权力。于是，双方开始了谈判，不过，最终，唯一的成果就是签订了《阿森图合约》。或者可以说，在30年的时间里，英国的殖民地可以得到提供黑奴的优先权，并且，每年可以将一船货物运送到墨西哥、秘鲁或者智利进行贸易，前提是，船舶的吨位及货物的价值都会被加以限制。

可以这样说，西班牙方面之所以同意英国每年运送一船货物，是建立在相当苛刻的条件之上的，即该船货物创造的全部利润的四分之一属于西班牙的国王，同时，余下的四分之三利润将会被征收5%的税款。对牛津伯爵及其党羽而言，这一结果令人大失所望。

然而，合约并未动摇公众对南海公司的信心。牛津伯爵宣称，西班牙将同意在每年的一艘船之外额外增加两艘货船；他还将一个名单公之于众，极为自大地列上了这些海岸线上所有港口的名字。据说，这些港口都将对大不列颠大开贸易之门。

而实际上，直到1717年，每年一次的远航才进行首航，而在接下来的一年中，因为英国和西班牙两国绝交，双方的贸易就此受阻。

在1717年议会的开幕式上，国王在讲话中对公共信用的状况做了暗示，并且倡议政府采取适当的措施以削减国民债务。在当年5月20日的议会会议上，南海公司和英格兰银行——这两家大不列颠规模巨大的货币公司各自提出了建议。南海公司请求，运用预售或者其他方式，将自己的资本规模由1000万提升至1200万英镑，并且提出，对整个金额要求的收益率由6%改为5%。同时，英格兰银行也提出同样的、极具吸引力的优厚条件。

议会为此进行了长时间的辩论，最终，通过了三项法案：分别是《南海法》《银行法》和《共同基金法》。第一项法案中，对南海公司提出的计划全盘予以接受，同时，该公司自己也做了充分的准备，即增发200万新股，为的是清偿安妮女王在位的第九年和第十年间，国家发行的四批彩票基金的本金与利息。

第二项法案中，英格兰银行对国家欠其的1775027英镑零15先令债务，接受了一个较低的利率，并且同意，放弃乃至取消金额达200万英镑的国库券，代之以一份10万英镑的年金，年利率为5%，整笔年金在一年后可赎回。

南海公司和英格兰银行需要承担的责任与义务还有，在需要的时候，可以按照相同的5%的收益率的条件，垫付一笔总额低于250万英镑的资金，议会可以将此笔债务赎回。

《共同基金法》对于不同名目的亏损数量进行了详细的列举，在上述法案施行后，这些亏损会有极大的好转。

就这样，南海公司的大名持续出现于公众面前。虽然南海公司和南美洲国家的贸易不曾为其年收入做出任何贡献，不过作为一家货币公司，它还是表现出一派欣欣向荣、兴旺发达的景象。

约翰·劳的密西西比计划是那般光彩万丈，将法国人民迷惑得团团转，甚而由此启发了南海公司的各位管理者，让他们灵感乍现，决定在英国也效仿约翰·劳故技重施。虽然他们早已预料到，自己的计划最终必定会失败，不过，他们还是决定铤而走险。

他们相当自以为是地认为，他们可以一一避开约翰·劳所犯下的错误，让自己的狂妄计划永远地维持下去，并且可以把信用之弦绷到极致，却不会令其突然折断。

南海公司提出的债务计划

就在约翰·劳的计划在法国受到极度欢迎，名望臻于巅峰的时候，就在数以千万计的人拥挤在坎康普瓦大街，用最疯狂的热情毁灭自己的时候，南海公司的董事们也将那份著名的偿付国家债务的计划提交给议会。于是，由无尽的财富所构成的幻象，不停地涌现于欧洲两个最负盛名的国家的人民面前，令其走火入魔，一发不可收拾。

相比法国人，英国人开始其挥霍生涯的时间要晚一些。不过，一旦这疯魔一般的躁狂症攫住了他们，他们必定也在劫难逃。

1720年1月22日，众议院好似成了整个议院的一个委员会。审议国王在议会开幕式上进行关于公共债务的讲话，同时，还要考虑南海公司为了赎回和减少公共债务所提出的建议。南海公司的建议相当详尽，内容分多个主题，对于将总额高达30 981 712英镑的国债揽到自己身上，南海公司似乎十分热衷，而且主动提出，每年的收益率为5%，而这一收益率还会一直保持到1727年仲夏。在这个时点之后，若立法机关愿意，他们就可以将全部债务赎回，而与之相应的是，利率也会减少到4%。议员们自然很欢迎这一建议。

不过，英格兰银行在众议院有着广阔的人脉，这些人也希望英格兰银行可以从可能产生的更多好处中分得一杯羹。他们以英格兰银行的利益为前提提出，在国家处于最困难的境地的时候，英格兰银行为国家提供了一种伟大而卓越的服务，并为之做出了巨大的贡献。倘若这笔公开的买卖可以带来任何好处的话，那么，英格兰银行至少应先于任何一个从不曾为国家做过贡献的公司，优先一步获益。

随即，这个问题被搁置了5天。在此期间，英格兰银行的管理者们也提出了一个计划。南海公司担心英格兰银行提出的条件比自己的更优越，更富有吸引力，于是，他们将最初的计划进行了一些修改——之所以这么做，就在于他们迫切希望自己提出的建议能轻松地被接受。

主要修改的内容是：政府可以在4年之后，而非开始提出的7年——赎回这笔债务。英格兰银行决心要获得这场异乎寻常的竞价的优势。为此，银行管理者们也对其第一份建议进行了重新考虑，然后提交了一份条件更加丰厚的新建议书。

当两大公司都将新的建议书提交后，议院开始对此问题进行仔细的考虑。

罗伯特·沃尔普先生站在支持英格兰银行的一边，也是其首席发言人；而财政大臣艾斯拉比则是维护南海公司利益的主力。2月2日，议院最终做出决定，认为南海公司的建议更让国家有利可图，可以被议院接受。同时，议院还同意了针对此项建议的议案。

"南海计划" 横空出世

　　伦敦的交易所中，充满了狂喜的气氛。仅在一夜之间，前一天仅仅为130英镑的南海公司股票就逐渐上涨到了300英镑。并且，在这一议案还处于分阶段讨论的这段时间内，其股票价格始终在以最令人震惊的速度上涨。

　　在众议院里，沃尔普先生差不多是唯一的敢于直抒己见、痛陈对"南海计划"不满的政治家。他用雄辩而又严肃的语言对众议员提出警告，提醒他们注意随之而来的灾难。

　　他说，"南海计划"将是导致"股票投机的危险操作，并且，股票投机会诱使国家的精英人物离开贸易和工业部门，转而投身于股市。它将会施展出致命的诱惑力，在人们为了获得想象中的虚幻财富而失去自己的劳动所得的同时，诱使那些极易被愚弄的家伙迈入毁灭的深渊"。

　　"这个计划建立在一个空前绝后的大灾难之上，更是一场罪恶。为了激发起广大民众的热情，并让这种狂热持续下去，他们承诺，将用那永远也不可能满足需要的资金派发红利，以此将股票的价值人为地抬高。"

　　他以一种先知般的敏锐补充说，若此计划成功实施，南海公司的管理者将会凌驾于政府之上，在王国中形成一个新的、绝对的贵族阶层，并且，将控制、干预立法机构的决策。若此计划破产，必定会引起民众的不满，从而让国家处于崩溃的险境。

沃尔普先生坚信，此计划将导致后一种结果。因为幻觉就是如此，一旦灾难降临——因为它必定会降临，人们会如同从噩梦中醒来一般，并且，他们会问自己，这一切是否曾真的发生。

沃尔普先生所有的滔滔雄辩都是无济于事的。他被人们看作一个错误的预言家，或把他比喻为叫声嘶哑的大乌鸦，不停地念叨着灾难。自然，智者预言的灾难并不是人们可以理解的，只有当灾难真实地发生在人们面前时，人们才会在惊恐之余，确信这预言的正确性。

虽然在此之前，众议院曾经认真地倾听并严肃地思考过沃尔普所说的每句话，不过，当议员们知道他就要对南海公司的问题发表自己的意见时，大家均离席而去。

两个月之后，议案在众议院审议并获得批准。在此期间，南海公司的董事及其朋友，尤其是董事会主席——著名的约翰·布朗特爵士，竭尽全力地鼓吹造势，令南海公司的股票价格不断上涨。

另一方面，关于英国和西班牙之间的条约，到处被人夸张地流传着。据说，后者会根据条约，给予南海公司在其所有殖民地进行自由贸易的权利。英国将持续不断地得到波托西-拉-巴兹丰富的矿藏，直至英国的银子充裕到差不多与铁矿同样丰富时为止。

并且，英国人可以提供大量的棉花和羊毛制品，用以和墨西哥的居民进行交换，而他们会以手中全部的黄金矿藏作为交换。与南海公司进行贸易活动的这家公司必将成为有史以来最富有的公司，倘若在这家公司购买100英镑的股票，那么，每年会因股票获得成百上千英镑的收益，这绝对是个一本万利的好买卖。

最后，通过诸多方法，南海公司的股票价格一直上涨到了每股将近400英镑。然而，当巨大的起伏动荡过后，股票价格就下跌到了330英镑，此价格一直维持到南海公司的议案被众议院以172票赞成、55票反对的票数通过后为止。

在上议院，此项议案更是以前所未有的高效率，走完了每一道程序。1720年4月4日，该议案首次被宣读；4月5日，它被二次宣读；4月6日，它被审议；4月7日，它被第三次宣读，并获得通过。

对于这项计划，有些贵族予以激烈的反对。不过，他们的警告同样被人置之一旁，不予理会。此时，大多数议员们的心思，已经被投机的狂热紧紧抓住了，就如同老百姓的灵魂已经被这种疯狂牢牢抓住了一样。

诺斯和格雷先生认为，这项议案就本质而言，是不公、违法的，它必将导致致命的后果，并损害大多数人的利益，从而让少数人中饱私囊——这才是它的根本目的。

对于他们的看法，沃顿公爵表示赞同。然而，因为他的发言仅仅是沃尔普在下院发表的滔滔宏论的翻版，所以，就重视程度而言，他的照本宣科甚至还不如诺斯和格雷先生。

对于他们的看法，库柏伯爵也同样支持。他以著名的特洛伊木马来比喻南海公司的议案，称其如同特洛伊木马一样被请进门来，欢迎它的恶，是人们不可抑制的贪婪与极度的喜悦，然而，其内在却包含着破坏与杀机。

对于所有的反对意见，桑德兰伯爵以热情的态度一一加以驳斥。

对于这个问题，持反对意见的议员仅是17位贵族，余下的87位贵族均给予热情的支持。于是，在上院通过此议案的同一天，皇室也对它予以认可，并使之成为英国的法律。

南海公司股票持续飙升

　　看起来，那时的英国，好像全部国民都会成为股票投机者。

　　每天，人们将交易所巷挤得水泄不通，因为马车过多，道路被阻塞了，伦敦金融中心的科恩希尔交通阻塞到了无法通过的程度。

　　人人都慌忙跑来买股票——"傻瓜们都被鼓动着去做一名无赖"。

　　当时出版的一首民谣——《南海歌谣》，歌词非常有意思，被街头巷尾的人们广为传唱：

　　　　这时，在更加平庸无能的群氓之中，

　　　　真的出现了星星和吊袜带；

　　　　他们买呀，卖呀，看呀，听呀……

　　　　犹太人和非犹太人争吵个不休。

　　　　最著名的淑女贵妇也从远方赶来，

　　　　每天坐着华丽的四轮马车，

　　　　她们质押了自己的珠宝首饰，

　　　　就想在股票交易里冒险赌一把。

　　社会各阶层的人们，都因为对高额收益的渴望而备受折磨，纵然倾尽南海之水，也无法让这渴望之火熄灭。

于是，最最浮夸的另一项计划也被搬上了台面。"股东花名册"在极短的时间内就被填满了，股票流通换手速度非常快，成交量十分巨大。幕后策划者用尽各种方法，誓要将股票的市场价格哄抬到一个人为的高度。

和所有人的预期相反，当皇室接受了南海公司的股票法案时，该公司的股票出现了不涨反跌的局面。4月7日，南海公司股票的报价是310英镑，结果到了次日就下跌到了290英镑。董事们已经尝到了其阴谋所带来的丰厚利润，在他们看来，与其花费力气将股价拉高，不如平静下来，让股票发挥自己天然的作用。于是，他们马上投入繁忙的工作中。

任何一个对南海公司计划的成功充满兴趣的人，无不兴高采烈地聚拢来一大帮听众，向他们详细介绍南美洲海域蕴藏的巨大宝藏。热情的股民将交易所挤得满满当当。单只一条以最坚决的自信心传出来的谣言，就立即能对股票的价格产生巨大的影响。

据说，西班牙政府向在法国的斯坦霍普伯爵提交了一份倡议书，建议用直布罗陀和马洪港来交换秘鲁的部分海岸，从而令南海公司的贸易得到保障，并能加以扩大。这些港口的一年一船的贸易限制，将对南海公司无效。相反，该公司获准可以建立起任意数量的船队前往南美洲海岸。同时，西班牙国王不再征收这些利润25%的收益。总之，南海公司无需向任何外国统治者交纳一毛钱。此刻，就像诗人描述的："在他们眼前，出现了黄金白银堆积如山的画面。"

股票价格快速上涨。4月12日，也就是《南海公司议案》成为法律5天之后，董事们将自己的账簿打开，以每股资本金合100英镑，售价为300英镑的价格，发行了100万新股。于是，各个阶层的人均汇集于交易所，争相认购南海公司股票，以至于人们发现，首次认购的南海公司股票数量就超过了200万原始股。

对于每股面值100英镑的原始股，他们以每次60英镑的价格，分5次付款。几天之后，股票价格上涨到了340英镑，而认股申购的售价则上涨到了首次支付价格的2倍。

为了让南海公司的股票价格被哄抬得更高，4月21日，在南海公司的一次董事大会上，公司宣布，于仲夏发放的股票利息将为10%，而所有认股股东都将享受到相同的优厚股利——这一决定与其设计好的目标遥相呼应。

为了进一步激发人们的热情，煽动人们购买股票，南海公司的董事们决定，第二次发行、认购100万股股票，并以400%的溢价发行。所有阶层的人均对这种投机活动充满了高度的热情，以至于在几个小时之内，人们按照这一比例申购的数量就多达150万股。

泡沫公司应运而生

与此同时，难以计数的合股公司像雨后春笋一般在全国各地出现。它们在极短的时候就获得了"泡沫"的名声，这一名称是人们以其想象力所给出的最妥帖、最相称的名字。老百姓经常对其所起的诨名最感兴趣，确实，真的不会有比"泡沫"一词更合适的名称了。

这些"泡沫"持续的时间有的仅为7天，此后就消失于人们的耳畔；而有的甚至跟真正的泡沫一样短命，连7天都不到，就消失得无影无踪了。每个夜晚，都有人将新的计划炮制出来，然后，到了每个清晨，大家都会看到众多新的项目被隆重地推荐给世人。

在科恩希尔，不管是最高贵的贵族，还是最低贱的投机客，大家纷纷热切地追逐着金钱。

就连威尔士王子也成了一家公司的主管，据说，他借助于股市投机已经净赚了4万英镑；①布里齐沃特公爵开始了一项致力于发展伦敦和西敏寺的计划；而钱德斯公爵则致力于推行另一项计划。

这一时期，全国上下同时进行的商业项目，差不多可以多达100项，而且，每一项看上去都是那么前景辉煌，前途无量。因此，也更

———————————————

① 见考克斯的《沃尔普》，是秘书长克拉格斯先生与斯坦霍普伯爵的通信集。

加诱人，更具欺骗性。

用《政治国家》中的评论来说，这些计划"被高明的骗术推动着，立即开始实施，然后，又被众多贪婪的傻瓜竞相追逐。最后，它们才露出其庐山真面目，正如其众所皆知的名字所揭示的一样，都不过是泡沫与骗局罢了"。

据计算，在这种无任何保证的操作之中，某些人所拥有的差不多150万英镑，人为地被另一些人所攫取。它让众多傻瓜倾家荡产，也让众多恶棍一夜暴富。

在这些计划中，有的看上去极具可行性。倘若处于一个平静的时期，倘若公众的头脑不曾被金钱与投机冲得发昏，或许，它们会先于其他项目得到人们的青睐。然而，策划者设计出这些计划的目的，只是为了将市场上的股票的价格抬高——往往是策划者抓住上涨的机会，然后在第一时间将手中的股票卖出，到了第二天早晨，计划就已经停止了。

梅特兰德在其作品《伦敦史》中，相当严肃地告诉我们，在诸多受到巨大鼓舞与支持的项目之中，有一个项目是要开办一家公司，从而"用锯木灰制作出松木板"。

毋庸置疑，这个故事其实是虚构的玩笑。然而，有充足的证据证明，其中有几十项计划均为骗局，在它们倒台之前，成百上千的人们因为它们而倾家荡产。

其中有一个项目是声称要制造永动轮，这一项目的资本金为100万；另一个项目声称是为了"鼓励在英国的养马事业，并要改良牧师和教堂的土地，修葺或重建牧师及教士的住房"。为何那些本应对后者更感兴趣的牧师们会着迷于第一个项目呢？答案只有一个——前一个计划的提出者，恰恰是一群热衷于当时在英国很盛行的猎狐活动的牧师们。结果，很快，这家公司的股票就被认购一空。

然而，令群众陷入极度疯狂的一个项目，则是某位无名冒险家提出来的计划。可以说，在所有的计划中，它是最荒唐可笑、最违反常理，也最令人印象深刻的。它自称是"一家为了承担起利用优势、占尽先机的重任而建立起来的公司，不过对于它，没人知道一点儿情况"。

若不是有几十个可靠的证人声称，这一公司事实上是存在的，否则，实在无法想象，竟然有人会被这样的计划愚弄得忘乎所以！而那个大胆而又成功地践踏、利用了公众的信任的天才，竟然不曾做任何事情，仅仅在自己的招股说明书中陈述，自己的公司需要50万资本金，每股100英镑，一共是5000股，对于每一股股票，只要首先存入2英镑。这样一来，每一位存入2英镑股的认购人，都将有权于每年获取100英镑的利润。

在那时，他从未告诉认购人，他将用何种办法来获取这么巨大的利润。相反，他却承诺，在一个月之后，将所有细节向股东们公布，到时候，他还会收取剩下待缴的每股98英镑的认购款。

于是，第二天早上9点，这位"伟大的流氓"在科恩希尔开办了一家办事处，其大门被汹涌的人群围得水泄不通。当他下午3点关门的时候，他发现自己竟然售出了1000多股股票，而且，预付的存款也都全部交清了。就这样，他仅用5个小时就赚到了2000英镑。

这位仁兄十分明白"见好就收"的真理，于是，当天夜间就溜往欧洲大陆了。从此以后，这个人就再也杳无音信了。

也难怪，著名作家斯威夫特会把交易所公开比喻成南海中的一个海湾：

成千上万的认购者汹涌而至，

他们互相推挤，彼此践踏，

每个人都拼命划着自己漏水的小船。

他们到此捕捞黄金，却不想命丧黄泉。

如今，他们丧生于深深的大海之中，

如今，他们又一次向天堂升去，

他们不断地旋转、蹒跚，游荡，

他们无计可施了，就如同醉汉一般。

就在此时，在安全的加拉维悬崖之上，

一群野蛮的食人族在此生活着，以打劫落难的船只为生，

他们躺在那里，静候着失事的船只到来，

然后，将死难者的尸体鲸吞、蚕食。

　　另一个相当成功的骗局，就是所谓的"地球许可证"——实际上是一些正方形的游戏卡片，上面盖着一个印有地球旅馆标志的蜡封——所谓的地球旅馆位于股票交易所的附近。这种卡片上还铭刻着"航海服许可证"。

　　持有地球许可证的人能从中得到的唯一好处，就是可以在未来的某个时间，认购一家新的航海服装生产厂的股份。而在交易所里，这些许可证的售价高达60畿尼（英国从前流通的一种金币，1畿尼相当于61先令）。

　　根据当时的说法，此计划的设计者是一个极其富有的家伙。不过，他后来被牵连到了南海公司董事会挪用公款的丑闻之中，并因为这个原因而受到了处罚。

不同种类的人，不分男女老幼，均深陷于所有这些泡沫之中，难以自拔。男人们去旅馆和咖啡厅里见他们的经纪人；女人们则来到女帽商和理发匠那里，也是为了相同的目的。

不过，这并不意味着所有这些人都深信其认购的公司提出的项目的可行性。对他们而言，若其股票借助投机炒作可以迅速上涨，那么，他们就会于极短的时间内获得相当可观的差价收益，这样一来，其目标就算实现了。他们将会以最敏捷的动作，将这些价超所值的股票抛售给那些真正相信了这些谎言的可怜虫们。

泡沫公司被取缔

交易所里,人们疑虑重重,场面混乱到了十分严重的程度,以至于同一个泡沫计划的股票,在同一时间里居然出现不同的价格——交易所里一侧的售价,居然比另一侧高出10%!

理性、清醒的人看着人群那不可思议的狂热模样,流露出悲伤与遗憾的神情,并对他们提出种种警告。

议会内外,也不乏具有远见卓识的人,他们相当清楚地预见到,灭顶之灾正在降临。沃尔普先生从不曾停止自己阴郁的预言。少数审慎、睿智的高层人士也忧心忡忡,开始对政府施加更为强有力的影响。

1720年6月11日,议会会议召开,英王宣读了一份公告,宣布所有这些非法的项目都应被视为公开的骚扰行为,并对其采取相应的检举和起诉,而且,不允许任何经纪人买卖这些公司的任何股份,违者将处以500英镑的罚款。

虽然这份公告已昭告天下,然而,耍无赖的投机者还是继续着自己的投机生意,而那些上当受骗的人们,也还在做着推波助澜的事情。

7月12日,上诉法院法官们召开了秘密会议。会后发布的命令被公之于众,此命令取消了所有的对专利权和特许状的请求,并且,解散了所有的泡沫公司，命令之后还附了一长溜清单，罗列了所有这些无法无天的计划。

如今看来，这份命令当然是十分有意义的，不过在当时，公众的确存在着太多的投机冲动，纷纷投入类似的泡沫炒作中。

以下，是这次事件的具体过程：

1720年7月12日，上议院，怀特礼堂。上诉法院的法官们出席了会议。

在会议上，上诉法院的法官们考虑到那些出于各种目的而建立股份公司的计划会误导和迷惑公众。于是，众多大臣无奈地退回了股份公司策划者所支付的金钱（当时，股份公司筹备者为了获得专利权或者特许状，都要支付数量高昂的费用）。

为了防止此类欺诈行为的发生，法官们命令，将不同部门的报告放在一起讨论，这些报告分别来自贸易部、国王御用律师以及总诉讼律师。在深思熟虑之后，他们接受了英王在秘密会议中提出的建议，然后，驳回了所谓的新股申请。

以下，就是那些申请的内容：

1. 几个人请求获得专利证书，想以"大不列颠大渔业公司"的名义进行渔业贸易。

2. 英格兰皇家渔业公司申请获得专利证书，从而获得更大的权力，以便有效地开展渔业事业。

3. 乔治·詹姆斯代表其本人以及与一家国内渔场有关的各色人等请求获得成立公司的专利证书，以便他们从事相同的事业。

4. 几位商人以及其他一些人恳请组建公司，发展在格陵兰以及其他地区的捕鲸事业。

5.约翰·兰伯特爵士及其他人代表他们以及众多商人提出申请，请求组建公司，为的是开展对格陵兰的贸易，尤其是在戴维斯海峡开展捕鲸业。

6.另一项对格陵兰贸易的请求。

7.几位商人、绅士以及市民提出组建公司的申请，为的是购买和建造船只，以便出租或用于货运。

8.萨缪尔·安特里姆和其他人共同请求获得专利证书，为的是培育大麻和亚麻。

9.几位商人、船主、造船家以及航海服制造商请求获得组建公司的特许状，为了借助于股份联合的方式开展并推动其所谓的制造业。

10.托马斯·伯伊德以及数百位商人、船主、造船家、纺织主请求获得组建公司的特许状，为的是贷款购买土地，制造航海服装和精美的荷兰麻布。

11.一些被已故的威廉国王和玛丽王后赋予专利权人提出制作亚麻布和航海服装的申请。他们请求政府不要再将制造航海服装的权力授予其他任何人，仅为了保证其所享有的特权，并且赋予其附加的、从事棉花及丝棉制品制造的权力。

12.伦敦的几位公民、商人以及其他人作为一家英国火险公司（对英格兰各地发生的火灾提供一般性的保险）股票的申购人请求获得批准组建公司，为的是发展其所谓的事业。

13.国王陛下在伦敦城以及大不列颠其他地区的皇室臣民请求获得组建有限责任公司的批准，为的是组建一家大众保险公司，对英格兰王国范围内的火灾损失提供保险业务。

14.托马斯·伯格斯和其他那些申购股票的人代表其本人，以及其他那些集资120万英镑的认购人，请求以哈伯格公司的名义组建一家有限责任公司，英国国王在德国的领地进行贸易。

15.木材经营商爱德华·琼斯代表其本人及其他人请求组建公司，为的是从德国进口木材。

16.伦敦的一些商人提出申请，请求颁发特许状，准许他们组建一家公司，为的是开办一家盐厂。

17.伦敦的商人麦克菲德里斯上尉代表其本人以及其他一些商人、制衣匠、制帽厂主、染坊主请求批准其组建一家公司，以便获得筹集足够的资金去购买土地的权力，用以种植、培养一种被称为茜草的、可作为染料的植物。

18.伦敦的鼻烟制造商约瑟夫·加伦多请求为其在弗吉尼亚制作鼻烟所需烟草的发明申请专利，并申请在国王陛下的所有领地里都获得相同的特权。

泡沫公司清单

以下这些泡沫公司均在同一项命令下被宣称为非法，并且随之被取缔：

1.从瑞典进口铁矿的泡沫公司。

2.资本金为300万英镑，向伦敦提供原煤的泡沫公司。

3.资本金为300万英镑，为在英国各地建造及重建房屋而设立的泡沫公司。

4.为制造细布而设立的泡沫公司。

5.为开创并发展英国铝业而设立的泡沫公司。

6.为使民众定居于布兰科和萨尔—塔塔加斯岛而设立的泡沫公司。

7.向迪尔城提供淡水的泡沫公司。

8.为进口佛兰德尔花边而设立的泡沫公司。

9.资本金为400万英镑，为对大不列颠的土地进行改良而设立的泡沫公司。

10.为鼓舞英国的养马事业，改良牧师与教堂的土地，并且修理和重建牧师与教士的住房而设立的泡沫公司。

11.为在大不列颠制造钢铁而设立的泡沫公司。

12. 资本金为100万英镑，为改良弗林特郡的土地而设立的泡沫公司。

13. 资本金200万英镑，为购买土地并在其上建造房屋而设立的泡沫公司。

14. 为毛纺类生意而设立的泡沫公司。

15. 资本金为200万英镑，为在霍利岛建造制盐厂而设立的泡沫公司。

16. 为买卖房地产并提供抵押贷款而成立的泡沫公司。

17. 为从事一项可以获得巨大利益的事业而成立的泡沫公司，不过无人知晓这一事业是什么东西。

18. 资本金为200万英镑，为改造伦敦街道而设立的泡沫公司。

19. 为在大不列颠的所有地方的葬礼提供服务设施的泡沫公司。

20. 资本金为500万英镑，为买卖房屋并且放款从而获取利息而建立的泡沫公司。

21. 资本金1000万英镑，为发展大不列颠的皇家渔业而建立的泡沫公司。

22. 为保障航海人员的工资而设立的泡沫公司。

23. 资本金为200万英镑，为了资助勤奋上进之人而建立贷款办公室的泡沫公司。

24. 资本金为400万英镑，为了购买和改良可出租的土地而设立的泡沫公司。

25. 为了从北不列颠和北美进口沥青和焦油及其他海军储备用品而设立的泡沫公司。

26. 为成衣贸易、毡帽贸易而设立的泡沫公司。

27. 为了在艾塞克斯郡购买和改善庄园用地以及矿山而设立的泡沫公司。

28. 资本金为300万英镑，为了向马匹提供保险而建立的泡沫公司。

29. 资本金为400万英镑，为了出口羊毛制品并且进口铜、黄铜和铁而成立的泡沫公司。

30. 资本金为300万英镑，为了开办一家大药房而设立的泡沫公司。

31. 资本金为200万英镑，为了建设厂房并且购买铅矿而设立的泡沫公司。

32. 为了对制造肥皂的工艺进行改进而设立的泡沫公司。

33. 为了在圣克鲁兹岛建造居民区而设立的泡沫公司。

34. 为了在德比郡开掘矿井并冶炼铅矿而设立的泡沫公司。

35. 为了制作玻璃瓶以及其他玻璃制品而设立的泡沫公司。

36. 资本金为100万英镑，为了制作永动轮而设立的公司。

37. 为了对花园进行改造而设立的泡沫公司。

38. 为了对儿童的财产提供保险并且增加其福利而设立的泡沫公司。

39. 为了装卸货物，并且为商人从事业务洽谈而设立的泡沫公司。

40. 为了在英格兰北部从事毛纺织制造业而设立的泡沫公司。

41. 资本金为200万英镑，为了从弗吉尼亚进口核桃树而设立的泡沫公司。

42. 为了制作曼彻斯特绳索与棉花等物品而设立的泡沫公司。

43. 为了制造约帕和卡斯泰尔肥皂而设立的泡沫公司。

44. 资本金为200万英镑，为了提高大不列颠王国的精铁和钢制造业的品质而设立的泡沫公司。

45. 资本金为200万英镑，为了从事花边、荷兰麻布、麻纱以及草场的交易而成立的泡沫公司。

46.资本金为300万英镑，为了从事大不列颠王国的某些特殊产品的贸易而成立的泡沫公司。

47.为伦敦市场提供牛肉而设立的泡沫公司。

48.资本金为200万英镑，为了制作眼镜、马车镜等而设立的泡沫公司。

49.为了在科恩沃尔和德比郡从事锡矿和铅矿开采而设立的泡沫公司。

50.为了制作菜籽油而设立的泡沫公司。

51.资本金为200万英镑，为了进口水獭皮而设立的泡沫公司。

52.为了制作粘贴板和便签簿而设立的泡沫公司。

53.为了进口毛纺织制造过程中使用的油和其他原材料而设立的泡沫公司。

54.为了改善、扩大英格兰的丝绸制造业而设立的泡沫公司。

55.为了以股票、年金收入为基础提供贷款而设立的泡沫公司。

56.资本金为200万英镑，为了照顾孤寡人士，按照小额折扣支付年金而成立的泡沫公司。

57.资本金为400万英镑，为了改进麦芽酒的制作工艺、扩大其酿造规模而设立的泡沫公司。

58.为了建设庞大的美洲渔场而设立的泡沫公司。

59.资本金为200万英镑，为了在林肯郡购买并改良沼泽而设立的泡沫公司。

60.为了提高大不列颠的造纸业水平而设立的泡沫公司。

61.伯特姆里公司。

62.利用热空气烘干麦芽的泡沫公司。

63.为了在沃伦努克河上从事贸易而设立的泡沫公司。

64.为了在科尔切斯特以及大不列颠的其他地区更高效地制造粗呢而设立的泡沫公司。

65.为了购买航海物资储备、食物，并且支付工人工资而设立的泡沫公司。

66.为了雇佣穷困的能工巧匠并且为商人和其他人提供钟表而设立的泡沫公司。

67.为了对耕地及家畜的品种进行改良而设立的泡沫公司。

68.为了改良英格兰的马匹品种而设立的另一家泡沫公司。

69.为马匹提供保险的又一家泡沫公司。

70.为了开展大不列颠的玉米贸易而设立的泡沫公司。

71.为任何男女主人提供保险，使其免遭仆人为他们带来的损失而设立的泡沫公司，资本金为300万英镑。

72.为建立孤儿院或者医院而设立的泡沫公司，资本金为200万英镑。

73.为了在无须使用火烧或者不对营养物质造成损失的情况下漂白原糖而设立的泡沫公司。

74.为了在大不列颠建造收费公路和码头而成立的泡沫公司。

75.为偷窃和抢劫造成的损失提供保险的泡沫公司。

76.为了从铅矿中提取白银而设立的泡沫公司。

77.资本金为100万英镑，为制作瓷器和彩色陶器而成立的泡沫公司。

78.资本金为400万英镑，为了进口烟草，然后再将其出口到瑞典和北欧等地而设立的泡沫公司。

79. 为了用煤炼铁而成立的泡沫公司。

80. 资本金为300万英镑，为了将干草和麦秸供给伦敦城和西敏寺而成立的泡沫公司。

81. 为了在爱尔兰开办航海和包装布制造业而设立的泡沫公司。

82. 为了制造路基所需道砟而成立的泡沫公司。

83. 为了购买、修理船只以便清剿海盗而成立的泡沫公司。

84. 资本金为200万英镑，为了从威尔士进口木材而成立的泡沫公司。

85. 为了开采岩盐而成立的泡沫公司。

86. 为了将水银变形成为一种可锻造、有延展性的优良金属而设立的泡沫公司。

民众对泡沫经济的冷嘲热讽

除了上述诸多泡沫公司外，每天，还有众多新的"泡沫"冒出来。虽然政府对其采取谴责的态度，而且它们也遭到了群众中头脑清醒的那部分人的鄙视和冷嘲热讽，然而，泡沫还是不断涌现，而且格外活跃。

针对当时风行一时的投机狂潮，不管是印刷店里塞满的讽刺画，还是报纸上的讽刺诗和讽刺小说，均进行了深刻的揭露与无情的嘲讽。

一位非常有创意的扑克牌制造商，制作、发行了一套南海扑克牌（如今已经极少见到了）。在这套扑克牌上，除了印有一般的数字与图案之外，一家泡沫公司的讽刺画还被印在上面，其下还配有相应的打油诗。

帕克机器公司是当时最负盛名的泡沫公司之一，它专门制造圆形及正方形的炮弹和子弹而著称——对当时战争艺术进行一番改头换面的改革。于是，在黑桃 8 这张牌面上，它那备受公众喜爱的假象，被一语道破：

这是一个前所未有的发明，

能把国内的傻瓜（而非国外的傻瓜）一网打尽。
我的朋友，无须害怕这台可怕的机器，
仅有那些拥有股份的人才会蒙受损失。

而在红桃9的牌面上，印的是一幅英国铜业公司的讽刺画，其下同样附有一首打油诗：

希望用英国铜币变出金币银币的蠢材们，
恰恰在交易所里证明了自己是一头蠢驴，
并且用真金白银为掺了假的黄铜买单。

方片8上，则隆重地将那家致力于阿凯迪亚殖民地化的公司印出来，其下附有如下的打油诗：

他是个家财万贯的家伙，
他希望在北美洲挥霍无度，
让他替自己认购股份，
让他成为一个鲁莽的股东吧，
他会长出驴耳朵呢。

这盒扑克的每一张牌上都用极其相似的辛辣风格，揭露出某一狡诈的欺骗计划，并且对那些上当受骗的人报以辛辣的嘲讽。据计算，如果这些泡沫计划能顺利执行，总金额共需要3亿英镑。

南海公司股票开始暴跌

　　如今，让我们再回到那个吞噬了成千上万镑财富、埋葬了无数贪婪而轻信的人们的巨大的南海海湾。1721年5月29日，南海公司的股票价格已经上涨到了500美元，差不多有三分之二领取政府年金的人将政府证券拿来转换成南海公司的股票。

　　在整个5月，南海公司的股票价格始终在上涨。5月28日，南海公司股票的报价是550英镑。在此后的四天之中，股票价格如同着魔了一般，出现了不同寻常的大幅上扬，猛然之间，从550英镑上涨到了890英镑。

　　如今，人们都认为，南海公司的股票价格不会涨得更高了，很多人抓住机会将手中持有的南海公司股票抛出，从而将自己的利润兑换出来。此时，英王正准备乘火车巡幸汉诺威，众多权贵高官都陪着他一道前去。他们也都急着把手中的股票抛售出去。

　　然而，卖家如此众多，买家却如此之少。结果，6月3日的交易所里出现了明显的供需失衡。于是，南海公司的股票价格马上从每股890英镑下跌到了每股640英镑。这一现象将南海公司的董事们吓了一跳，其代理人马上接到买进股票的命令。

　　他们的努力再次取得了成功。到傍晚的时候，公众的信心得到了恢复，股票的价格涨回到750英镑，且股价始终保持在这一水平，仅有轻微的波动。直到6月22日，南海公司的主管们才停止了回购。

对于南海公司董事们为了让其股票价格保持在一个较高的水平所采用的诸多伎俩，实在没有详细记录的必要，因为这的确是一件无必要且相当无聊的事。你只要了解，南海公司的股票价格最终上涨了100%，那就足以说明问题了。

8月初，南海公司股票的报价就有这么高。接下来，这个庞大的泡沫被鼓吹到了极致，开始出现颤抖、摇晃的现象，预示着未来的爆裂、幻灭。

众多政府年金的领取者向董事会表达抗议。他们斥责董事们，在各次认购股份的过程中，未能公正地将名单列示出来。后来，人们的不满在南海公司董事会主席约翰·布朗特爵士及其他一些董事将各自持有的南海公司股票卖掉的时候，变得更为强烈了，董事会遭到了更多人的谴责。

在整个8月，南海公司的股票始终在持续下跌。到了9月2日，其报价仅为每股700英镑了。

南海公司董事会紧急商议对策

现在，事态变得相当严重，人们开始警觉起来。

为了尽可能地防止公众彻底失去信心，9月8日，董事们在泰勒礼堂召开了一次全体股东大会。这天上午9点，房间里挤满了人，以至于让人感到窒息。无法进入大厅的群众，将过道堵了个严严实实。一时间，此地可谓嘉宾云集，盛况空前。

次级主管约翰·费洛斯爵士负责主持会议。他向参加会议的众人介绍了召集这次会议的原因，并且，宣读了董事会对一些问题的决议。同时，他还将他们的工作进展进行了一番描述，如此，让大家对公司业务有了一个较透彻的了解。

此外，他还说明了公司吸收可收回与不可收回资金的情况，当然，还包括对资金的预定配置情况。

接下来，秘书长克拉格先生发表了一番简短的讲话。在讲话中，他评价了董事们的作为，并且敦促道，再无任何东西，能比南海公司内部的团结更重要。同样，内部的团结更能有效地促进计划的实施。他充满感情地感谢董事会，感谢他们谨慎而富于技巧的管理方式，并且希望他们以公司的利益为重，继续按照他们认为对公司最为有利的方式做事。他用这句话结束了自己的发言。

汉格福德先生因为总喜欢为南海公司说好话，而在众议院中饱受嘲讽。并且，他还被聪明的人们怀疑熟悉内幕消息，清楚什么时候利用抛售大赚一笔。此次，他滔滔不绝地说起了大话。他声称，自己目睹过众多商业团体的兴衰。

在他看来，从未有一个团体会像南海公司一样，在如此短的时间里取得如此辉煌的成就，做出如此有益于世人的事情。他们所做的事情远超帝王、主教或者法官。这是由于他们将所有人的利益协调在一个共同的利益上。他们还平息了国内民众的怨气与仇视。借助于股票价格的上涨，有钱人的财富大幅度提升；乡村绅士们的土地价值也在两倍、三倍地增长。与此同时，他们也替教堂做了好事，谋了福祉，有些牧师也借助于此项目获得了一大笔金钱。总之，整个国家因为他们而变得更加富饶、繁荣。而他希望，董事们不要太过公而忘私，也要记得替自己谋些福利。

其发言的后半段得到了人们不时的嘲讽，嘘声不断。当然，如此夸大其词的讲话，必定会遭人耻笑。不过，董事及其朋友们，连同房间里那些投机胜利者，却以热烈的掌声回报了他这番肉麻的讲话。

波特兰德公爵也用类似的调子发表了一通讲话，并且，表达了自己强烈的好奇心：人们何以如此不满？当然，他也利用自己的投机大发横财——这就像《乔·米勒笑语录》中描写的那个脑满肠肥的市政参议员的行为——不管什么时候，他在吃了一顿美餐之后，必定会将自己肥短的双手叠放在大肚子上。此时，他会发表一番议论，质疑这个世界上是否还可能存在一个饥肠辘辘的穷汉。

在此次会议上，几项决议得以通过。不过，公众的信心不曾因它们而发生任何变化。

就在当天晚上，南海公司的股票下跌到了640英镑；次日，又下跌到了540英镑。就这样，南海公司的股票价格一天又一天地持续下跌，直至跌到了每股400英镑。

沸沸扬扬的国会

9月13日，《沃尔普》杂志上，发表了一封国会议员布洛德里克先生写给大法官兼上议院院长米德尔顿的信。其中写道：

关于南海公司的董事们何以会在如此短的时间内遭受乌云压顶之灾，出现了诸多推测。我确信，他们若发现有利可图，必定会不择手段地去做一些事情。他们已经将信用发挥、运用到了不留任何余地的地步，不可能进一步发掘其信用了，从而导致这种信用无法用铸币进行支撑。他们为自己所谋得的福利，是建立在上当受骗者的损失的基础上的，他们当中最显要的人物已经从中赚取了难以计数的财富。

贪婪的欲望已经牢牢占据了他们的头脑，他们渴望用防波堤式的小丘，堆垒出高耸的山峰。无数人就要沦为乞丐。用语言已经无法描述此种惊恐的程度，因为人们的愤怒是无法描述的，情况已经恶化到了令人灰心丧气的程度，以至于我在此之前不曾见到哪一个计划或者方案，能同"南海计划"一样，导致人们苦思冥想着如何回避风险，如何才能安全抽身。

为此，我无法猜测，接下来会发生怎样的事情。

10天之后，股价还在下跌，他写道：

公司还未做出决定，原因是他们本身就处于如此危险的境地，以至于他们不清楚理应向哪一条道路转向。我从最近来自城里的几位绅士那里获悉了一位在所有国家都处于人人喊打、万人痛恨的地步的南海公司委员的真实姓名。

许多金匠已经失业，而无业游民的队伍每天都在扩大。我相当怀疑，他们中的三分之一，或者干脆四分之一，是不是可以经受住此场灾难的考验，可以坚持下去。

从开始的时候，我就在让人确信无疑的真理基础上做出对整个事件的判断，1000万英镑（此数字已经远超我们流通中现金的数量）不可能在流通中将远超英格兰纸币信用范围的2亿英镑创造出来。不论因为何种原因，若有人敢质疑这一公理，我们高尚的国家机器就必定会瘫痪、垮台。

9月12日，经秘书长克拉格先生的最恳切的请求，召开了几次会议——是在南海公司董事和英格兰银行董事之间进行的。根据广为流传的一份报告，英格兰银行董事同意为南海公司融通600万英镑的债务。此消息一出，南海公司股票应声上涨到了670英镑。

不过，就在当天下午，人们获悉，这一消息纯属空穴来风。于是，南海公司股票的价格马上开始下落，再次跌回到了每股580英镑；次日又跌到了570英镑；以后更是逐级跌落，直至跌到了每股400英镑。

事态的发展让内阁感到极度恐慌。若南海公司的董事们出现在街上，人们必会蜂拥而上侮辱、斥责他们。伦敦城里，时刻都会发生暴动事件。信使被派往汉诺威，请求国王尽快回国主持政务。

沃尔普先生原本在故乡赋闲养老，此时却不得清闲——人们纷纷跑去向他求助，希望他可以运用其众所周知的对英格兰银行董事的影响力，引导他们接受南海公司提出的清偿债券的计划。

英格兰银行自然不愿惹祸上身，更不愿意让自己背上南海公司的一堆烂账，害怕自己卷进灾难之中不得脱身。然而，国民异口同声地强烈要求英格兰银行出来挽救大局。此时，每位知名人士都被召集来，为解决当前的危局出谋献策。沃尔普先生提出的一份合约草案被全盘接受了，并成为双方进一步协商的基础。

9月20日，南海公司在泰勒礼堂又召集了一次股东大会。此次会议做出授权，南海公司董事们同意英格兰银行或者其他任何人提出的和公司发行债券相关的所有事项，或者和英格兰银行达成其认为合适的所有协议。

一位名叫帕尔特尼的人写信说，看到那异乎寻常的恐慌牢牢控制了国民的精神与灵魂，真是让人震惊不已。人们来回奔走，好似惊弓之鸟，惶惶不可终日。灾难将其想象世界彻底占据，令其处于风声鹤唳的恐惧中。无人可以说出这场灾难的形式和深度，也正是因为这个原因，才更加让人感到恐慌。

正如诗中所言：

暗沉的黑暗宛如深夜——这恐惧如此咄咄逼人，

就像十位复仇女神一般——而这恐怖堪比地狱。

两天后，银行负责人在英格兰银行的一次股东大会上通告了南海公司就此事召开的几次会议的大致内容，并且补充说，公司董事们还没有就此事想出恰当的解决办法。接下来，股东大会会提出一个解决办法。众人同意了。

此决定就发行债券的有关事宜，授权董事会和南海公司进行商讨，并且和南海公司就发债总额、发行条件以及发行时间等诸多方面的内容进行协商。在对方认为合适的情况下，英格兰银行接受了南海公司发行的债券。

于是，双方都能够在自认为最符合公共利益的前提下采取自由行动。英格兰银行出于支持公共信用的目的，预购了300万南海公司的债券，此笔费用的条件是：按照普通存款条件的15%，溢价3%，利率为5%。

上午时分，人们潮水一般汹涌而至，狂热地认购债券。此时，人们都以为，当天就可以完成全部的申购。然而，还不到中午的时候，形势就发生了逆转。

虽然人们用尽了任何可采用的办法，想阻止事态的进一步恶化，但南海公司的股票价格还是飞速滑落——人们对南海公司的债务是那么缺乏信心，以至于一批最卓越、最知名的金匠和银行家纷纷出逃——因为他们中的一些人借他人巨额资金来炒作南海公司的股票。如今，大难临头，他们只好将店门关上，卷起铺盖逃走了。

到那时为止，剑刃公司始终是南海公司的主要承兑商，此时也停止了支付。在人们看来，这一切不过是灾难的开端罢了。

由此，引发了大量的银行挤兑现象。如今，银行只好以远比上午人们认购债券时快得多的速度来支付货币。因为9月29日是一个节日，于是，英格兰银行得以略微喘了一口气，他们将风暴的袭击抵制住了。然而，其从前的竞争对手南海公司，却在这轮风暴中受到了致命的打击，一命呜呼了。

南海公司的股票跌落到了每股150英镑，在无数次的挣扎与动荡之后，股票价格跌到了每股135英镑。

英格兰银行意识到，在恢复公众的信心，阻止毁灭性信用破产的潮流之前，自己已是黔驴技穷了，除非他们愿意冒险一试，勉强自己心不甘、情不愿地接受不公平协议，并按此协议行事。不过，这样做的结果极可能将自己也搭进去。

不管怎样，他们都认为，没有义务继续做这种费力又不讨好的事情——那份所谓的英格兰银行和南海公司的协议，仅仅是一份协议的草案罢了，其中相当重要的事项均为空白，并且，也不曾载明对其中止协议的任何惩罚条款。

"于是，"《议会史》中这样记载，"人们目睹了神通广大的南海公司在8个月的时间里，先是脱颖而出、迅速发展，而后又惨淡收场、一败涂地的全过程。这家公司以神话般的速度向上跳跃，最终，上升到了一个让人目眩神迷的高度，也让整个欧洲都将目光与期盼投射在其身上。不过，那是建立在欺诈、错觉、盲从与暴怒的基础上的。一旦人们发觉其董事会进行的人为的操纵行为，它就马上应声落马，原形毕露。"

在危险的幻觉持续的这段时间里，在其欣欣向荣的极盛时期，国民的行为也变得日益腐败、堕落，这一点并不难被觉察。为了将失职者挖出来而进行的议会调查，揭示出种种恶行：他们声名狼藉、臭名远扬，令人不齿，道德沦丧到了和流氓恶霸没什么差别的程度。而他们在被提拔之前，也不过是才智平平的普通人。

而对这些罪恶的愚行进行深入的调查、研究，将是一件有趣的事情——民族就如同个人一样，都必须接受成为误入歧途的赌徒的惩罚——他们或早或晚，必定会受到应有的惩戒与教训。

当作家斯莫利特写道："就一位历史学家而言，这样一个年代是最无趣的。没有一位理性而又富有想象力的读者会因为这样一些交易的细节而产生兴趣，并由此得到乐趣。对这些交易，应严禁添加任何热情，严禁添油加醋地对其加以美化。仅将交易的细节提供给读者就够了，这是一幅描画丑陋、卑劣的堕落行径的无趣图画。"

反之，若斯莫利特略有幽默感的话，他原本能发现自己的错误，这个主题是如此吸引读者，足以令每一位小说家怦然心动。

一个遭受掠夺的人，除了失望外，难道就不该存在热情？难道无数因南海公司泡沫失去了财富，以致一贫如洗的人或家庭惨景中，真的无生命，无生趣可言吗？难道昔日巨富沦落为今日乞丐的图画和记录，真的会让人索然乏味吗？与那些从前大权在握、炙手可热的人物沦落为逃亡之徒相关的故事，对于发自全国各个角落的一声声自责与诅咒的记录，真的会苍白无趣吗？

一位健康而正常的人猛然从理智的约束之中挣脱出来，却因为追求一个黄金幻影而变得疯狂，拒绝相信真实的一切，就如同一只被幻觉所迷惑的雌鹿，追逐着一团鬼火一般。最终，他们被诱入了一片致命的泥沼之中。看到这一切，难道你可以声称，这是一幅沉闷无趣或无任何教育意义的画面吗？

然而，运用斯莫利特式的错误观念来记录南海事件的历史记载的确太多了。一文不值的宠臣为了博得更加一文不值的国王的喜爱，所构思的阴谋，或者关于谋杀式的战斗与围攻所做的诸多记录，均已经被添油加醋地详细讲述过了。可是，叙述者对那些影响着当时人们的精神与物质福利的最深刻的背景、环境，却表现得相当漠然，轻轻一笔带过，可谓枯燥且乏味，于是，自然不会富有热情与色彩了。

在这个著名的泡沫事件的发展过程之中，英格兰各地的情况表现出让人心惊的一致性。

公众的精神处于一种十分病态的骚动中。人们不满于正常的、按部就班的行业那缓慢却确定无疑的利润模式，一心希望第二天就能获得无穷无尽的财富。这种浮躁心态令他们开始浑不在意今天，表现得越来越浮华、虚荣。

于是，普通人的生活中也出现了前所未有的奢靡之风。相应的，道德水准也开始松动。因为成功的股票赌博，无知的人们一夜暴富，为此嚣张至极，无法无天、目空一切，这让那些真正具有绅士风度的人们感到汗颜。没想到，黄金竟然有这么大的魔力，可以让一文不值的小人物跻身上流社会的大雅之堂。查理德·斯蒂尔爵士称这帮暴发户们为"跳梁小丑"。

在议会咨询会上，众多南海公司董事遭殃的原因，与其说是因其贪赃枉法，侵吞公款，倒不如说是由于他们骄横跋扈，目中无人。他们当中的某位人士，曾以无知的富人所具有的最为露骨的傲慢声称，他计划用黄金来喂养他的骏马，而最后，他本人却落了个仅能勉强以面包和水来维持生命的地步。

每一副不可一世的傲慢脸孔，每一次妄自尊大的无稽之谈，均被记录了下来，并将百倍于此的贫困与侮辱回报给他们。

全国上下处于紧张的气氛之中，为此，英王乔治一世只好缩短自

己原计划在汉诺威停留的时间，以最快的速度赶回英格兰。1721年
11月11日，他回到伦敦，通知议会于12月8日召开会议。

与此同时，一个个公众集会在大不列颠所有重要的城镇里召开。
人们请求将南海公司的董事们绳之以法的要求被会议接受了——南海
公司的董事借助于欺诈性运作，让国家处于毁灭的边缘。

似乎没有人想到，这个国家和南海公司一样，理应对这场灾难也
承担义不容辞的责任；没有人站出来指出，人们的贪婪与轻信；没有
人指出，人们对利润、收益的可耻的渴望，并指出，正是这种贪婪的
欲望，吞噬了这个民族所具有的一切优良、高尚的道德品质；也没有
人指责人们疯狂的热情——正是由于这种狂热，让群众自愿投入了阴
谋策划者的天罗地网。

淳朴、正直、勤劳的英国人民被一群强盗给毁了，这帮盗贼理应
被送上绞刑架，理应被扔到水里淹死，理应承受五马分尸的酷刑，而
无人会为其掉一滴眼泪。

这差不多是整个国家对此事的共同感受。上下两院所能做的也仅
能如此了。在南海公司董事会的罪行被公布于众之前，唯一的呼声就
是，一定要对其严惩不贷。

此时，国王发表了一番讲话，表达了自己的看法，同时希望人们
记住，国民们必须拿出所有的谨慎、勇气与决断，来寻找合适的良
方，来医治整个国家的不幸。在对国王的此番演讲进行的讨论中，几
位发言人对"南海计划"领导者们进行了最强烈的抨击。其中，默里
斯沃斯的言辞最为激烈：

有人声称，没有对南海公司的董事们进行惩罚的法律，而这些人

正是国家如今所面临的不幸境遇的始作俑者。对本次事件的处理，应以古罗马人为榜样。

对弑父之罪，古罗马人也没有相应的法律——古罗马的立法者认为，不会有儿子会做出这样灭绝人性的行为，以至于让自己的双手沾染父亲的鲜血。然而，当发生了此种惨绝人寰的罪行后，立法者马上制定了一项法律，即对此种邪恶的犯罪处以极刑。

他们决定，犯此罪的卑鄙之人应被缝在一条麻袋里，然后活生生地扔进台伯河。而极端恶劣的"南海阴谋"的策划者和执行者，也应被看作国家的弑父之徒。理应把他们以相同的方式缝进麻袋，并且扔进泰晤士河里，如此，方能大快人心。

沃尔普先生的发言则更加谦和、慎重。他认为，目前首要的注意力理应集中在怎样重建公共信用上：

倘若伦敦城遭受火灾的话，任何一个明智的人都会先冲上去将大火扑灭，阻止火灾的蔓延。当大火被扑灭之后，他们才开始调查纵火者的情况。公众的信心已经受到相当沉重的打击，正躺在地上血流不止，理应尽快制定救治方案，以挽救岌岌可危的公共信用。至于惩罚这帮"刺客"，以后有足够的时间。

12月9日，对于国王陛下的讲话，大家表达了一致的认同。当然，其增补意见也获得一致通过——议院不但要寻找一种方法来努力解决国家的灾难，而且还决定，对灾难的始作俑者处以相应的惩罚。

议会调查的速度相当快。南海公司董事们接到命令，务必将一份记载着其全部行动的完整记录提交给议院。下院做出决定，大致内容是，南海公司的灾难，主要是因为股票投机者的邪恶伎俩导致的，若想重建公共信用，建立一套法律来阻止这种声名狼藉的操纵行为是最好的办法。

此时，沃尔普先生站起来说："就像在此之前提到的那样，我已经花很长时间提出了一个重振公共信用的计划。不过，计划的实施需要一个基础。"

这个问题的核心，即"和南海公司签署的认购公共债务协议，对财产提出要求权、货币申购协议，以及其他契约，现阶段是否仍然有效？"这一问题引起了众人激烈的争论。

最后，由259票对117票的多数通过了此决议，所有这些契约理应继续维持现状，除非南海公司股东大会为解除合法权利人的痛苦而做出修改，或者按照正当的法律程序予以废除。

第二天，代表全体下院议员的一个委员会接到了沃尔普先生递交的一份为重建公共信用而设计的计划。其内容是将南海公司900万股票"嫁接"到英格兰银行里去，同时，以一定的条件，将同等数量的南海公司股票"嫁接"到东印度公司里去。下院对此表示欣然接受。议院下令，这两大公司要提交出各自的建议。

英格兰银行和东印度公司均不想为南海公司提供任何援助，在做出决定前，两家公司都召开了股东大会探讨此计划，结果遭到股东们的强烈反对。不过，最后，他们表示，接受自己为南海公司发行债券所要求的条件，同时将自己的报告提交给委员会。

在沃尔普先生的监督下，委员会提交了一份法案，并且顺利地通过了议会的审查。

为了管制南海公司的董事、主管、下级主管财务人员、出纳员以及职员，议会禁止其离开英格兰超过一年时间。为了查明其不动产和动产，防止其将动产和不动产运送到国外或私下转让，委员会同时又提交了另一份议案——下院里那些最具影响力的议员们纷纷赞成。

施朋先生确信，秘书长克拉格先生十分可疑。此时，四处流传着克拉格在南海公司业务上大做手脚的流言。于是他决定，将克拉格的痛处大大地触动一下。

他说，他高兴地看到一个大不列颠的下院恢复其原有的活力、生机，为保护公众的利益而如此齐心协力。

当然，保障南海公司董事及其高级职员的人身、财产安全是很必要的。"不过，"他一边补充一边将锐利的目光投到克拉格身上，"某些上层机构的人，总有一天，我会无所畏惧地指出他们的名字，相比于南海公司的董事，这些人的罪行有过之而无不及。"

克拉格怒气冲天地站起来说，若此番含沙射影的话是冲着他来的话，那么，他准备对每一个怀疑他的人提出的问题给予令人满意的答复，不管是在下院之内，还是在下院以外。随即，要求"肃静"的叫喊声从四面八方传来。

在一片喧嚷之中，摩里斯沃斯大人站起来，表达了自己的困惑——克拉格为何敢公然挑衅整个下院？他，摩里斯沃斯议员，已经年过六旬了，尽管有些老了，不过，他还是相当乐意接受克拉格的挑战。并且，他确信，有许多的年轻人会与他站在一起，他们不会害怕在下院之外的地方和克拉格发生当面冲突。

要求秩序的呼声多次从四面八方响起。议员们也纷纷应声而起。所有的人似乎马上就要大叫出来了。发言人呼喊着"肃静"与"秩序"的声音是如此苍白无力。

混乱持续了好几分钟，在此期间，摩里斯沃斯和克拉格差不多是"唯二的"仍然端坐于自己座位上的议员。最后，声讨克拉格的声音变得更加狂野，以至于他认为，自己理应平息议员们的怒火，并且，对自己违反议会规定的行为进行解释。

他声称，自己所说的，"让那些在下院里指责自己的人得偿所愿"的意思，并非是他将为之斗争，而是说，他将对自己的行为给出合理的解释。

此事到此算是告一段落，接下来，下院又为他们应当采用哪种方式调查南海公司事件展开了激烈的争论。究竟是组织一个大规模的委员会进行调查，还是精心挑选人才，组成一个小型委员进行调查？最后，下院指定了13人，组成一个秘密委员会进行调查。这个委员会享有传讯人员、调用文件和记录的权力。

上院对此事也相当热心，如同下院一样，处理此事也相当迅速。

罗切斯特主教称，"南海计划"危害了整个社会。

沃顿公爵声称，议院理应秉公执法。在他看来，倘若他可以参与调查，他甚至会将自己最亲密的朋友交由公众审理。有些人用最无耻、最恶劣的方式，对国家进行了肆意地掠夺与剥削。他愿意与所有人一道，积极参与到对罪犯的惩罚之中。

斯坦侯普先生则声称，不管是董事还是非董事，其占有的每一件微不足道的东西都理应充公，以便补偿公众的损失。

在此期间，公众的兴奋之情达到了前所未有的高度。借助于考克斯的《沃尔普传》一书，我们了解到，所有南海公司董事的名字，都被看成是欺诈和罪恶的同义词。无论是郡县、城市，还是享有特权的自治市，人民的请愿书从大不列颠王国的每个角落传来，均要求严惩那些十恶不赦的、损公肥私的盗取公共财富者，以便为受到伤害的国民讨回公道。

那些连在惩罚犯罪的问题上也保持中立的中庸主义者，被指控为罪犯的同谋，受到人们不断的指责与辱骂，甚至是刻毒的抨击。并且，不管是匿名信，还是在公开信中，他们都不断受到民众的声讨。

人们指责税务大臣艾斯拉比、克拉格，以及另一位政府官员的舆论是如此强烈，为此，上院马上做出对他们进行调查的决定。

1722年1月21日，上院下达命令，要求任何和"南海计划"有关的经纪人务必将一份清单提交给国会。其内容是他们从1719年米迦勒节以来，替财政部或税务署的官员买卖股票，或者受其委托买卖股票或者申购股份的详细情况。

当上院收到这些账目的时候，大家发现，艾斯拉比先生名下拥有着大量南海公司的股票。包括爱德华·吉本先生（声誉卓著的伟大历史学家吉本的祖父）在内的南海公司董事会中的5名董事，都被监禁了起来。

经斯坦霍普伯爵倡议，议员们一致通过了一项决议。即在南海公司议案还处于审议期间，为了让政府机关职员分享好处或利益，为了满足国会上下议院中的所有议员的利益，而由南海公司的所有董事或者代理人购买股票的；或者在接受股票、为股票提供信用的时候，不曾真正支付金钱或提供充足的担保品的，都将被看作恶劣而危险的贪污、受贿行为。

没过几天，另一项决定也得以通过。即由于南海公司的一些董事和高级职员借一种秘密的方式，将自己持有的股票转卖给南海公司，因此，犯了欺诈罪。此举严重危害了信托关系，由此造成一系列事件，严重损害了公共信用。

为此，艾斯拉比辞去了税务署大臣的职位，且自动消失于国会，直至其个人的犯罪事实被立法机关着手正式调查为止。

与此同时，深知南海公司董事们那些不可告人的危险秘密的会计师奈特先生，收拾好自己的账簿和文件，火速逃离了英国。为此，他特意乔装打扮一番，然后乘坐一艘小船顺河而下，随后，又专门雇了一艘大船用于逃命，从而顺利抵达了法国北部濒临多佛海峡的港口城市加莱。

议院得到了秘密委员会报告的有关情况，此时，议会一致同意，向国王呈送两份报告。第一份报告是请求国王发布一份悬赏令，迅速捉拿奈特；第二份报告则是请求国王马上发出关闭港口，并且严密监视海岸情况的命令——目的是为了防止奈特或南海公司的其他职员逃出英格兰。

作为议院为此事特意指派的代表，米修恩先生受命，将这两份墨迹未干的报告送到国王面前。

就在同一天晚上，一份悬赏2000英镑捉拿奈特的公告，由皇室颁布。下院同时命令，把议院的大门锁上，把钥匙保管起来。

秘密委员会的成员之一罗斯将军告诉他们，委员会已经发现了一系列最为深重的邪恶与欺诈的行为，那是恶毒的叛国者策划出来的、足以将这个国家毁灭的行为，他们将于适当的时候向议院通报这些罪行。

与此同时，为了将这些罪行进一步发掘出来，秘密委员会认为，非常有必要采取以下措施，即逮捕、关押南海公司的一些董事以及主要职员，而且，依据法律程序封存重要文件。根据罗斯的提议，他们提出了一项动议，并得以一致通过。

卷入其中的议院议员，以及南海公司董事罗伯特·恰普林爵士、西奥多·詹森爵士、索布里奇先生和 F. 爱勒斯先生受召而来，一一为其腐败行径进行辩白。西奥多·詹森和索布里奇极力想洗刷自己的罪行。纵然如此，他们的辩解之词也被议院耐心地听取了。

接下来，一项动议由议院提出，获得全体一致通过——詹森和索布里奇二人违反了信托契约，罪行相当恶劣，导致国王陛下的众多臣民遭受了重大的损失，且对公共信用造成极大的伤害。

接下来，议院发布了命令，因为他们的抵触和狡辩，议院将其二人逐出议院，并关押到警察把守的监狱。4 天后，应召前来的罗伯特·恰普林和爱勒斯也同样被逐出了议院。

与此同时，议院做出决定，请求国王指令其派驻在国外的使节对奈特予以缉捕，倘若奈特向其任何一个自治领请求庇护，那么，他都会被交给英国政府处理。国王同意了这一请求，并于当晚就派信使到欧洲大陆各地告知此事。

约翰·布朗特爵士，也是被监禁的南海公司董事之一。在公众的心目中，他是"南海阴谋"的始作俑者，并且称其为"阴谋之父"。

关于此人，我们可以借助于蒲伯写给艾伦·洛德·巴瑟斯特的信件，了解一下大致情况。

约翰·布朗特虽然是一个不信奉国教之人，不过，其行为举止却十分虔诚、严谨，并且，他公开宣称自己是一个伟大的信徒。

"上帝不会喜欢"，布朗特说，眼里却无一滴泪水，受到巨大伤害的布朗特！他何以会被英国人所憎恨？

一个巫师向他预言了人们的命运：

最终，腐败就如同一波波洪水一样泛滥成灾；

而贪婪还在继续蔓延、扩散，如同从地平线上升起的雾气，将太阳的光芒遮住。

政客和爱国者都在进行股票投机，贵族和管家们分享着共同的窘境；

法官们投机成风，主教们无耻地下着赌注；

大权在握的公爵们甚至为了半个克朗而洗牌。

英格兰深陷于金钱可耻的迷魅泥潭难以自拔。

这是法国对安妮和爱德华的权力进行的报复！

这并非宫廷徽章，伟大的书写者！

用你的头脑认真思考吧，

这也并非贵族式的奢侈，更非城市的收益。

不，这是你正义的终结。

你将羞于看到：

议员们道德沦丧，爱国者们彼此攻击，

他们寄希望于平息党派之争，

于是双方相互勾结，和平与安宁会降临到你的国家。

——摘自蒲伯写给艾伦·洛德·巴瑟斯特的信

布朗特先是不断地揭露那个时代的奢侈与腐败，也抨击着议会的不公、政党的脆弱无力。他对大人物和贵族们的贪婪，尤其运用雄辩的语言给以深刻的揭露和批判。他本来是一个书记员，后来，不但成为一名董事，而且成为南海公司最活跃的管理人。

我们不清楚，他是否在这段生涯中首次对大人物的贪婪宣战。不过，他一定目睹了无数大人物的贪婪嘴脸，于是他发出了最严厉的谴责与诅咒。可是，倘若牧师自己超脱于所指责的邪恶之上，那么，其慷慨激昂的演讲必将产生更好的效果。他被人从监狱里带到上院的法庭上，经历了一番漫长的审查。结果，他对几个相当重要的问题均拒绝给出答案。

他声称，下院的一个委员会已经审查过了，他忘记自己那时候回答了些什么，或许会出现自相矛盾的现象，所以，他拒绝在另一个法庭面前再次回答。这番听上去好像雄辩的宏论，实际上却间接地证实了其罪行，因而在议院里引起了一阵骚乱。法官又一次以不容反驳的态度问他，是否将一定数量的股票出售给政府的职员、上下议院的议员，为的是让南海公司议案顺利通过。

他又一次拒绝回答。他声称，自己希望以尽可能尊重的态度来对待议院。不过，他认为，倘若让他进行自我指责，那是相当不容易的。随即，他被带回了监狱。

一场激烈的讨论发生于约翰·布朗特爵士的朋友及反对者之间。

人们断言，对于约翰·布朗特爵士这种相当省事的沉默寡言，管理者必定很熟悉。沃顿公爵语焉不详地嘲讽了斯坦霍普伯爵，而后者做出了激烈的反应，还为此怀恨不已。

斯坦霍普伯爵当时太过兴奋、激动，以至于热血直冲头顶，让他不由得头昏眼花。他感觉自己相当难受，只好离开了议院，回到其官邸调养休息。医生马上用吸血杯替他放血，次日上午，又替他放了一次血。然而，他的病情并未得到好转。不过，根本没人想到情况会如此严重——接近傍晚的时候，他处于半睡半醒的弥留状态，结果，自己将脸压在枕头上，突然断了气。

国民因这位政治家的突然去世而陷入巨大的悲痛之中。乔治一世更是为此悲痛欲绝，把自己反锁在密室里长达数小时之久，悲悼自己损失了一位重臣。

布鲁塞尔的英国侨民利什先生的一位秘书，在列日城附近的特利蒙特抓住了出逃的会计师奈特。尽管英国政府多次向奥地利法庭提出将奈特遣返英国的请求，却屡次遭到拒绝。

奈特此时得到了布拉班特公国的保护，要求在那个国家接受审判。根据《乔伊斯条约》规定：布拉班特公国拥有一项特权——任何一个在该国家被逮捕的罪犯，都应在那里接受审判。布拉班特公国坚持自己的优先权，拒绝了将奈特交给英国当局处置的请求。英国政府也不曾停止自己的努力。可是，就在此时，奈特却从监狱里逃跑了。

2月16日，议院接到了秘密委员会提交的首份报告。在报告里，他们声称，调查过程中遇到了许多困难和麻烦；他们审查的所有人都热衷于对审判的结果进行抗辩，倘若法庭愿意受理，他们会很乐意配合。

在提供给他们的账册之中，出现了很多的假账。在其他的账册之中，在金额的科目下，对应的股东名字则为一片空白。账册之中随处可见被涂改、删节的地方，甚至有的账册里的一些账页被撕掉了。他们还发现，有些相当重要的账簿竟然被销毁了，有的账簿则被带走，或被藏匿了起来。

在调查刚刚开始的时候，他们就已经清楚，自己接受的任务是极富挑战性、牵涉范围极广的。在执行法律的过程之中，许多人被委派作不同种类的角色。所以，他们说，在对成千上万人的、总数高达成百上千万英镑的财产进行处理的时候，他们无法保证自己的行为万无一失、毫无瑕疵。

他们发现，在《南海法案》通过之前，有一笔总额高达1 259 325英镑的账目出现于公司的账簿里，而对应的股票账本上注明，这笔股票已经按照574 500英镑售出了。由此可见，这批股票绝对是伪造的，目的是为了促使法案得以通过。由账簿上的明细可知，这批股票是在不同的日期里售出的，而且价格也各不相同，从150%到325%不等。

秘密委员会因为看到南海公司在不曾得到许可增资扩股的情况下，就擅自隐瞒了这么巨大的账目，大吃一惊，决定更加认真、细致地对整个交易进行调查。

他们将南海公司的主管、次级主管以及几位董事一一传讯到场，再次进行极为严格的审查。

他们发现，在这些人伪造这些账目的时候，公司并未拥有如此巨大的股票数量。这些人自己有权处置的，仅为其中极少的一部分，最多也不超过3万英镑。循着调查出的线索深入挖掘下去，他们发现，这笔巨额股票竟然是公司替某位虚假的购买者购入的，尽管双方并未签订双边协议，确定双方在什么时候进行交付和受让。

无人替这笔巨额股票支付任何费用，公司也不曾从这位假想中的购买者那里获得任何存款（或有价证券）之类的担保品。所以，倘若股票价格下跌，那么，《南海法案》就无法通过，而那些假想中的购买者也不会遭受一丁点儿损失。

相反，若股票价格上涨的话（事实上，因为南海董事会的阴谋策划，股票价格的确涨上去了），那么，假想购买者就会赚取股价上涨带来的利差。相应的，在法案正式被通过之后，股票账户由奈特负责建立股票账户并进行修正与调整，而假想中的购买者们则从南海公司的现金里获得差价。

约翰·布朗特、吉本和奈特主要负责处理这些虚构的股票，方法是在几位政府高官和其他关系户之间进行分配。借助于这种"神不知鬼不觉"的贿赂方式，南海法案得以顺利通过。

桑德兰德伯爵分得了 5000 英镑的股票；肯达尔公爵夫人分得了 1 万英镑的股票；普拉顿伯爵夫人分得了 1 万英镑的股票；普拉格夫人的两个侄女分得了 1 万英镑股票；秘书长克拉格分得了 3 万英镑的股票；查尔斯·斯坦侯普（财政部的一位秘书）分得了 1 万英镑的股票；剑刃公司分得了 5 万英镑的股票。

账目表明，斯坦霍普先生借助于特纳-卡斯沃公司的帮助，获得了总额高达 25 万英镑的巨额股票差价收益。不过，有人将他的名字的一部分从账簿上擦去了——改成了斯坦盖普。

税务大臣艾斯拉比同样从这些记账股票中获取了令人憎恶的利润。他在同一家公司里开了一个账户（特纳和卡斯沃均为南海公司的董事），其拥有的股票总值高达 794451 英镑。此外，他还建议南海公司第二次发行认购股份数量理应为 150 万股，而非 100 万股，且由他们自己授权，在不具备任何担保的情况下，就增发了 50 万新股。第三次发行认购，也是采用同样的违法手段进行的。

艾斯拉比的名下拥有7万英镑股票，克拉格名下拥有65.9万英镑股票，数额最巨大的桑德兰德伯爵的名下拥有16万英镑股票；而斯坦霍普先生名下拥有4.7万英镑。

另外6份不那么重要的报告紧随此份报告之后。在最后一份报告的结尾，秘密委员会宣称，奈特掌握了主要情况、受托办理重要事宜，他的缺席，令调查工作很难进行下去。

议院要求委员会将第一份报告印了出来，在第二天进行讨论。在一场愤怒而激烈的争论过后，议员们通过了一系列解决办法，对南海公司董事、与此事有牵连的议会成员以及政府官员们进行了严厉的谴责；并且宣布，他们每个人都应当从自己的财产之中拿出相应的数额，对他们给公众造成的伤害进行补偿。他们的行为被宣布为贪污渎职，性质极为恶劣，并且极其危险。

为了解救不幸的受难者，减轻他们的伤痛，议院还命令委员会提交了一份议案。

斯坦霍普是第一个为自己参与的这些肮脏交易而付出代价的人。他在为自己辩护的时候强调说，在过去几年之中，他一直将全部财产都存放在奈特手中，不论奈特为他买进了什么东西，他都为此支付了相当的报酬。至于由特纳－卡斯沃公司为他购买的南海公司股票，他压根儿就一无所知。无论他们以这种方式为他做过什么，都没有经过他的授权，而他也不能为此负责。特纳以及他们的公司，无疑将后一项罪名强加在了他的头上。

但是，对于每一位公正无私的人来说，斯坦霍普从那笔以他的名义持有的南海公司股票中获取了25万英镑的收益，这种行为无疑是十分恶劣的。

　　不过，他还是以3票的微弱多数被判无罪释放了。

　　为了包庇他，他的朋友们尽了最大的努力——切斯特菲尔德伯爵、斯坦霍普爵士四处游说那些摇摆不定的议员，运用自己舌灿莲花的演讲才华，鼓唇摇舌，竭尽说服之能事，引诱他们要么投票赞同释放斯坦霍普，要么自己不参加议会投票表决。

　　许多立场不坚定、意志薄弱的乡村绅士被他们的花言巧语所迷惑，迷失了方向，于是，表决的结果就变成了如先前那般。

　　斯坦霍普被宣布无罪的消息传出去之后，举国上下产生了极大的不满情绪。愤怒的民众在伦敦的各个地区召开群众集会，威胁政府收回成命。议员们均担心会发生群众暴乱，特别是许多的人预测：某个更加罪大恶极的贪污犯也会在审判中被徇私释放，而这必将激起更大的民愤。

　　在斯坦霍普被判无罪的第二天，开始审理艾斯拉比的案件。

　　艾斯拉比尽管被委以高贵的职位，并承担着极重要的责任，却无法保持自身的正直、忠诚。在审判的过程中，他被公正地判决为"南海阴谋"中或许是最罪大恶极的一个罪犯。

　　面对这一判决结果，人们处于极度的兴奋中，甚至于无法抑制——急不可耐地赶来探听审理结果的群众将议院的走廊和马路上挤得水泄不通。对艾斯拉比罪行的争论整整持续了一天。倒霉的艾斯拉比差不多看不到任何人站在自己这一边：他的罪行的确过于明显、过于露骨了，当然，也过于恶劣和醒龊了，以至于无人敢冒天下之大不韪站出来为他说好话，为其掩盖罪状。

　　最后，议会成员一致同意，认定艾斯拉比为了让自己获取暴利，对"南海阴谋"的破坏性执行予以鼓励和放任；并且，对于南海公司董事会的恶劣勾当，不但参与进去，而且与之共同进行恶性操作，严重破坏了大不列颠王国的公共贸易和公共信用。

由于其累累罪行，下院将其逐出，关进伦敦塔接受一年的监禁，且严禁离开大不列颠王国。对他的这项限制，或许还会延长到此届议会任期结束之时。此外，他还务必要将其任何财产列出准确的账目，用于弥补那些因其恶意操纵而蒙受巨大损失的人。

全国上下因为对艾斯拉比的判决而感到极度欢愉，可谓是大快人心。虽然消息是在夜里12：30分传出来的，不过，还是很快就传遍了整个城市。有些人让自己的屋子灯火通明，用来表达他们的兴奋与快乐。

第二天，当艾斯拉比被送往伦敦塔的时候，暴怒的民众围聚在塔山上，打算朝他扔石块、垃圾，同时，还要围着他起哄。然而，他们的目的没能实现。

于是，他们点燃了熊熊篝火，围着火堆载歌载舞，以此作为庆贺。在英格兰的其他地方，也燃起了庆祝胜利的篝火。伦敦城里洋溢着一派节日的欢庆场面，人们互致祝贺，就像才从某种巨大的灾难之中劫后余生一样。

对于斯坦霍普的无罪释放，人们的愤怒之情原本达到了极致，以至于无人可以说清楚这种怒气将在什么地方会停止，而艾斯拉比也同样引发了人们的激愤与热情。

为了平息众怒，次日，议院驱逐了特纳-卡斯沃公司的乔治·卡斯沃，随后，也将其押往伦敦塔。同时，议院要求他交回其25万英镑的非法所得。

接下来，议会开始审理秘密委员会报告中和内阁大臣桑德兰德伯爵相关的部分。他和他的朋友们为了洗刷他的罪名可谓用尽了全力。因为对他的控诉主要取决于从约翰·布朗特爵士那里强行威逼所取得的证据，所以，他们机关用尽、煞费苦心地想让约翰·布朗特爵士的供词看起来虚假、不可信，尤其是在一桩与一位贵族兼枢密院委员的名誉相关的事件上。

桑德兰德伯爵的身边聚集着在内阁里所有的朋友，他们均报告说，托利党人的内阁会因为对桑德兰德伯爵判定有罪，从而获得上台执政的机会。最后，议院以233对172票的多数，判处桑德兰德伯爵无罪释放。不过，国民却都相信他有罪。于是，各地的民众都愤怒地组织起来示威，以发泄自己最大的愤慨。这一次，他们又在伦敦聚集起来。幸运的是，他们的示威活动未造成任何破坏与动乱。

就在这一天，老克拉格意外地辞别了人世。而次日，原本是要对其案情进行审理的。人们都相信，克拉格是服毒自杀的。不过，看起来，老克拉格极可能是死于伤心过度——要知道，五周前，其儿子，财政部秘书之一，因为出痘子而不幸早逝——对老克拉格来说，白发人送黑发人绝对是精神上的致命的打击。

他非常喜爱这个儿子，而他之所以运用非法或虚假的手段聚敛无数的财富，目的均是为了这个儿子。为了儿子，他不惜出卖自己的声誉，结果身败名裂。可是，如今，他所做的一切都变成了一场空——爱子再也不会回来了。老克拉格因为这场意外的灾难，如同雪上加霜，最终不堪重负，患了中风。最终，心力交瘁的老克拉格撒手西去，身后留下了一笔总额高达150万英镑的巨额财产。后来，这笔财产也被没收充公，用于偿付那些在其一手策划、导演的不幸的幻觉中遭受损失与伤害的人们。

南海公司的所有董事逐一接受了审讯。其财产中累计没收充公的数额高达201.4万英镑，这笔费用都被用于补偿受害者。根据每位董事的行动和情况，他们每人均保留了一定的剩余财产，这让他们可以重新开始自己的生活。

其中，约翰·布朗特爵士的财产高达18.3万英镑，议会仅为其留下了5000英镑，余者均被充公。

约翰·费洛斯爵士的财产高达24.3万英镑，也仅余1万英镑；西奥多·詹森爵士的财产高达24.3万英镑，仅余5万英镑；爱德华·吉本先生的财产高达10.6万英镑，仅余1万英镑；约翰·拉姆伯特爵士的财产是7.2万英镑，仅余5000英镑。

其他那些牵涉得不那么深的人，处理的时候量刑就宽大得多了。

爱德华·吉本，是著名历史学家小爱德华·吉本（著有《罗马帝国衰亡史》）的祖父，他被判罚大量的罚金。小吉本在其文章《关于他的生活和作品》中，相当生动地描述了那时发生的事件。他承认，自己在描述的时候存在一定的偏袒之心。不过，考虑到每位作者均处于各自的立场，从各自的角度来看问题，方能更全面地描绘那灾难沉重的年代里发生的事件，所以，人们对这位伟大的历史学家的陈述，给予了很高的评价。

他说：

1716年，我的祖父被选为南海公司的董事之一。其账簿显示，在他接受那个要命的职务之前，他已拥有的、独立的个人财产为36万英镑。不过，因为1720年的一场"海难"，他的财富转眼之间消失不见了。他辛苦工作了30年，得到的结果就是个人财产的灰飞烟灭。

对于利用（也可以称之为滥用）"南海计划"，关于我祖父及那帮董事的罪行（当然也可以称之为无知和愚昧），我不能站在一个称职的法官的角度来看，也无法处于一个事不关己的判断者的角度来看。

不过，现代的衡平法却一定会对当时的法庭对他们采取的粗暴而又专断的处理方式予以指责。这种处理方式让正当的理由蒙羞，而原本就不那么正当的理由，则显得更加卑鄙、恶劣了。

这个刚刚从黄金幻梦里醒来的民族，马上以议会为基础，对其牺牲品提出了要求。不过，所有的参考方均承认，虽然这些董事们的确有罪，不过，这个国家还没有一部成文的法律可以打击、防止此类投机行为。

议会并未实施摩里斯沃斯那严酷的主张；然而，他们却引入了一条具有追溯力的法律，这是一个痛苦的、惩罚性的议案，目的是严惩那些还不曾发生的罪行。南海公司的董事们被立法机关监禁，他们想获得自由，就一定要交纳一笔巨额的担保金，同时还将一个可耻的记号烙印在他们的人格上。无奈之下，他们只好宣誓，乖乖地将自己的财产交出来，同时，不得将自己财产中的任何部分进行转移或者运送到国外。

他们站起来抗议这项惩罚性议案。因为任何一个国民都有权在法庭上替自己辩护。他们请求替自己辩护，请求他们的诉说可以被人们听到。然而，他们的要求遭到了拒绝，其压迫者无须任何证据，更无须倾听他们的任何辩词。

开始的时候，他们打算保留南海公司董事们的财产的八分之一，以便其将来生活所用。然而，有人表示强烈反对，认为对于大多数人而言，在财富和罪恶各不相同的情况下，这一比例太轻了；而对某些人来说，又或许过重了。就这样，他们对所有董事的人品和行为一一加以评判。

然而，这种行动并非一项冷静、公允的法律调查。相反，33 位英国公民的财产和名誉，却成为人们街头巷尾谈论的话题。因而，这项程序成了不受法律约束的大多数人的一项运动。而秘密委员会里最卑鄙、下流的成员，以恶毒的语言和无声的投票，发泄着满腔的怨毒或个人私愤。董事们因为人身侮辱而承受着更加剧烈的伤痛。而让他们更为痛苦不堪的是，还要面对施加侮辱者开怀大笑的嘴脸。与此同时，其剩余财产的数量还被当局来来回回地增减。

一份语焉不详的报告声称，某董事在此之前曾经参与过另一项计划，而此项计划导致某些不知名人士的损失——就是这样含糊不清的一份报告，居然成为其定罪的证据。一个人只是因为声称自己的马理应用黄金喂养（这是一通愚蠢之极的言论），一生竟然被毁了。而另一个人由于过分骄傲，在财政部里，当对地位远高于他之人的询问时拒绝回答，于是，被搞得人不人、鬼不鬼。

所有这些人均在其本人未出席，无法替自己辩解的情况下，受到了专断的罚款和充公的刑罚。而就是这样的一项处罚，让他们穷其一生积累的家业绝大部分被充公，余下的只是一点儿可怜的零头。全能的议会目睹如此大胆而无耻的压迫时，选择冷眼旁观。

我的祖父并未期望获得远较同伴们更为宽大、仁慈的对待。由于其属于托利派的保守作风，以及和托利党的渊源，掌权者若想伤害他，实际上并非难事。首次处理南海公司董事的时候，吉本先生是首批被投进监狱监禁的人之一。在最后的判决之中，其罪行与他被处罚的程度相当。

他在宣誓时声明，将其总额高达106 543英镑5先令6便士的财产上交下院，仅祖产除外。为此，他得到了两种不同金额的折扣：其一是1.5万英镑，其二是1万英镑。然而，当问题真的被提出来讨论时，议员们全都赞成只留给他1万英镑。

在承受了这些摧残之后，我的祖父凭借着议会无法毁灭的技能和信用，重新振作起来，经过十六年的奋斗，又一次创造了自己的财富大厦。我有理由确信，相比于开始的那次创业，其第二次事业的辉煌程度不遑多让。

在惩罚了董事们之后，立法者紧接着就要考虑，怎样重建公众的信用。他们发现，沃尔普先生的计划不够充分，并且，已经到了声名扫地的地步。

1720年底，在对南海公司全部股票进行核算后发现，南海公司股票总额高达3780万英镑，而其中全部所有者的股份总额仅为2450万英镑。余下的1330万英镑均为南海公司借助其公司名义获得的——他们借助于国民的疯狂幻觉而获得的丰厚利润。

议会将这些利润中的800多万英镑拿出来，分配给广大所有者和认购者，其发放的红利差不多是每100股分配33英镑6先令8便士。

议会又进一步做出决定，对于那些从南海公司借用了资金，并在借钱时实际将股票加以转移或交纳了担保品，或者是由于公司要利用这些股票而将其出借给南海公司的人，均可以免于追索和要求，仅需支付借款总金额的10%就可以。

南海公司以这种方式借出了110万英镑的款项；而如今，仅11万英镑可以被他们收回，此时的股票价格已经跌回到正常水平了。

不过，在此之后的相当长的一段时间里，英格兰的公共信用却并未彻底恢复。如同希腊神话里代达罗斯的儿子伊卡洛斯一样——股票价值被炒作得过高，好似他那蜡做的翅膀被太阳烤化了——最终，他跌落到了海里。只有当他苦苦挣扎于海水的波动起伏中时，才清楚，坚实的土地才是自己存在的依赖。

从那之后，每逢商业高度繁荣的时候，就会再度出现过度投机的倾向。一般来说，一个成功的计划常常会引发相当多的模仿者，尤其是在一个贸易国家里，这种成功模式，必定会被从众心理牢牢地抓住，从而将其当作模仿的对象。由此，使得那些对于发财致富过分热衷之人陷入了无尽的恶性循环。倘若想从此深渊中摆脱出来，那真是一件极其困难的事情。

1825年，如同那些由"南海计划"造成的泡沫公司一样的企业，也曾于那恐慌的岁月中流星般地短暂划过，但是，转眼之间就尘归尘，土归土了。在那次事件中，就如同1720年一样，贪婪者手中的大量钱财被骗子攫取，不过，当结账日到来的时候，就损失程度而言，双方无一幸免。

1836年的投机事件，也曾经让英格兰的人们感到前途黯淡无光，担心其导致灾难性的后果。然而，幸运的是，在情况还未变得更糟之前，人们及时采取补救措施，从而令一场灾难转而变成了虚惊一场。[1]

---

[1] 直到1845年，"南海计划"仍然是英国金融史上群众疯狂投机的代表性案例。

郁金香泡沫

据说，郁金香一名来源于一个土耳其单词，意为一种头巾。这种花卉差不多在16世纪中叶传到了西欧。

孔拉德·杰斯纳说，此花之所以在西欧大地上芳名远播，理应归功于他。不过，他当然不曾想到，在不久之后，世界因它而发生骚乱。

孔拉德说，1559年，在奥格斯堡，在声名显赫的咨政赫沃特的花园里，他首次见到此花。赫沃特向来以收集稀有的舶来品而闻名遐迩。君士坦丁堡的一位朋友将这株郁金香的球茎送给了他。在那里，郁金香早已是人们非常喜爱的名花。

这段时期后的10到11年的时间里，郁金香成了名流显贵们竞相追逐的目标，特别是在荷兰和德国，富人们更是狂热地追求着它。为此，阿姆斯特丹的富人们派人直接到君士坦丁堡一掷千金地抢购球茎，其出手之大方是前所未闻的。

1600年，有人从维也纳带回第一株郁金香，开始在英格兰种植。

在1634年之前，郁金香的声望始终处于持续高涨、逐年提高的状态。到那时，人们已经认定，倘若哪个有钱人家里不曾收藏这种奇花异草，那么就足以证明，这家人品位低下、恶劣。

郁金香成了众多名人的宠儿，他们对此花爱若珍宝。这其中，就包括蓬皮尔斯·德·安吉利斯和声誉卓著的雷登的利普苏斯（此二人均为当时的名人），后者就是论文《德·康斯坦莎》的作者。

没过多久，就连中产阶级也开始对这种神奇的植物如痴如狂。商人和店主，甚至那些不太富裕的人，都开始互相攀比着谁家的郁金香品种更为珍贵，谁为其付出更多的金钱。在哈利姆，有一位远近闻名的商人，原因就在于，他用自己一半的家产购置了一个小小的郁金香球茎，然而，得到后根本不准备转手出售以谋利，而是将它收藏于自己的温室中，以拥有它为荣。

人们极可能会推测，素来以谨慎小心著称的荷兰人，如此看重郁金香，必定是因为此花本身具有独特的性质。然而，它不但没有玫瑰那般美丽的外表，也没有玫瑰那样沁人心脾的芳香。单就外表而言，它甚至还不如"甜甜的豌豆"。并且，就生命力而言，它更是无法与前两者相比。

然而，考利却对郁金香大声颂扬。他是如此说的：

紧接着，郁金香出现了，其全身活力四射，色彩鲜艳，
不过她却又枝繁叶茂，充满了傲气和游戏色彩。
这个世界上，除了此地之外，再无别的地方可以将这种染料式的效果展示出来。
不仅如此，借助于混合，她甚至可以改头换面，紫色和黄色都是她所喜爱的颜色，
她喜爱穿着最为精美华丽的服饰。
她只潜心钻研怎样取悦人们的双眼，
凭借自己的精致、华美，艳压群芳，独占花魁。

尽管不那么押韵，也不那么富有诗意，以上，却是一位诗人描绘的郁金香。

贝克曼在其作品《发明的历史》中，对郁金香的风采，以更加写实的手法加以逼真的描述。相比于考利的诗作，其散文读起来更加流畅。

他说：

极少有什么植物如同郁金香那般，借助于偶然事件、弱化或者疾病而获得这样多的变种，色彩变得那么丰富。当它还处于自然状态，未经人工培植的时候，它仅有一种颜色，长着肥大的叶片和特别长的茎干。当它借助于人工栽培变得丧失稳定性之后，在种花人看来，它就变得更加可爱了。

接下来，花瓣不但颜色变得越来越淡，而且越来越小，色泽也越来越丰富多彩；不过，叶子却变成了一种更加柔和的绿色。就这样，郁金香成了人工栽培教化的代表作。

它变得更加美丽，生存能力反而更加脆弱，以至于纵然施以最高明的技巧、最精心的照料，它还是几乎无法被移植，甚至连活下来都相当不容易。

许多人如痴如醉地爱上了这种让人感到麻烦无穷的植物，就如同母亲一向更加偏疼自己那多病而折腾人的小儿子一样——母亲在其身上付出的疼爱之情，远超那些健康的子女——我们必须要将描述建立在同样的原则上，才能将人们在这种娇柔、脆弱的植物身上大肆挥霍的不正常、不明智的奢靡心态表现出来。

1634年，荷兰举国上下都被郁金香投机的风潮席卷着。这股风潮强劲到了就连国家的正常工业都被人们抛之脑后的地步。就连黎民百姓，甚至社会最底层的渣滓，都兴高采烈地从事着郁金香交易。

而伴随着郁金香狂潮的升温，这些小小球茎的价值也在不断攀升。直到1635年，据说，众多人为了购买40个郁金香球茎，付出10万弗罗林。

到了此时，佩里特是人们在出售郁金香球茎的时候使用的一个比格令更加小的计量单位，它可以将郁金香的价值精确地计算出来。400佩里特重的一个被人们称为"可爱的雷芙肯"的郁金香球茎，价值4400弗罗林；而一颗446佩里特重的"可爱的范·德·爱克"，价值是1260弗罗林；一颗106佩里特重的"柴尔德"，价值1615弗罗林；一颗400佩里特的"总督"球茎，价值是3000弗罗德；"永远的奥古斯塔斯"，是郁金香家族中最昂贵、珍稀的品种，一颗200佩里特的"永远的奥古斯塔斯"倘若以5500弗罗林出售，那么，购买者必定认为自己占了一个大便宜。

人们对于得到"永远的奥古斯塔斯"渴望到了极点，甚至一颗品质欠佳的"永远的奥古斯塔斯"，都可以2000弗罗林的价格出售。

据记载，到1636年年初，整个荷兰境内仅有两颗"永远的奥古斯塔斯"球茎，且就质量而言，它们并非佳品。其中一颗的主人，是阿姆斯特丹的一位商人，另一颗的主人则居住在哈利姆。为此，众多投机者迫切想得到"永远的奥古斯塔斯"，甚至有一个人向那位住在哈利姆的人提出，用12英亩（约4.9万平方米）不管什么身份的继承人都可以继承的建筑用地，来交换那颗"永远的奥古斯塔斯"。

同样，阿姆斯特丹的那颗"永远的奥古斯塔斯"也身价不菲，购买者甚至开出了4600弗罗林，外加一辆崭新的马车、两匹灰色的骏马，以及一整套马具的交换价格。

　　芒汀是那个时代的一位勤奋而多产的作家，他曾就郁金香狂潮写下了一卷作品，内容长达1000页。下面的清单就是他保存下来的，其上将郁金香的价值用各种商品的价值之和加以表示——所有这些物品，都是用来和一颗罕见的珍稀品种"总督"进行交换的：

货品种类总值	（弗罗林）
两拉斯特（当时的重量计量单位）小麦	448
四拉斯特黑麦	558
四头肥牛	480
八头肥猪	240
十二头肥羊	120
两大桶果酒	70
四大桶啤酒	32
两大桶黄油	192
一千磅的奶酪	120
一整套床具	100
一整套衣服	80
一副银酒杯	60
总计	2500

那些当时远离荷兰之人，当他们回到荷兰时，极可能巧遇郁金香

炒作的鼎盛时期。他们有时候会由于个人的无知，而落入一个尴尬的两难境地。

布兰维勒在其作品《旅游》中记载了下面这个有意思的、惹人发笑的例子。

一个富有的商人，深以自己拥有的珍贵的郁金香球茎而自豪。一个偶然的机遇，他得到了一个难能可贵的机会，可以在列文特代销商品——这个好消息是一个水手带来的。

先前，为了将好消息告诉给商人，水手来到了账房里，那里随处放置着成捆的、预订好的货物。商人则十分慷慨，为水手准备了一道精美的红鲱鱼作为早餐，也算是对他的奖赏和报答。

可没想到，水手似乎对洋葱情有独钟。他看到如此慷慨大度的商人的柜台上，竟然放着一颗类似洋葱头的球茎，于是认为，将它放在丝绸和天鹅绒旁边异常不协调。水手就偷偷摸摸将它揣到自己的口袋里，打算一会儿在吃红鲱鱼的时候，拿它当作佐料。

接着，他就拿着商人为其准备的红鲱鱼离开了。他去了码头，打算去吃他的早餐。

结果，他前脚走，商人就发现，自己那颗价值3000弗罗林（约合280英镑）的"永远的奥古斯塔斯"不见了。整个大楼里立即乱成了一锅粥。为了寻找这颗珍贵的球茎，屋子里的每一个角落都被搜遍了，然而，郁金香球茎却杳无踪迹。商人的心情极为沮丧。于是，他们又进行了一次搜索，结果自然一无所获。最后，有人想起来，仅有水手一人不曾被搜到。

听到这个可怕的假设，伤心的商人好像箭一般直射出去，狂奔在街道上。其家人也因得到警报而紧随其后跑了出来。没料到，那个头脑简单的水手根本没打算躲藏起来。当商人发现他的时候，他正神色安详而平静地坐在一卷绳索上，嘴里还咀嚼着最后一瓣"洋葱头"。

水手根本想不到，自己的这顿早餐成本竟然那么高昂，简直可以供整条船上的水手舒舒服服地生活上一年。或者，借用这位痛失瑰宝的商人的话，那就是，"简直可以替奥兰治王子，以及斯塔索德的整个宫廷举办一次奢华、浩大的盛宴"。

罗马大将安东尼在酒里溶化珍珠，为的是替埃及艳后克娄巴特拉的健康而干杯；理查德·韦丁顿爵士愚蠢地模仿亨利五世，过着奢华的享乐生活；当伊丽莎白一世女王开办皇家交易所的时候，托马斯·格雷山姆爵士在酒中溶解钻石，敬祝女王福寿安康。

不过，相比于以上名人的奢侈、浮华，这个流浪汉式的水手所享用的这顿早餐一点儿也不差。并且，相比于那些奢侈浪费的先人们，其行为甚至有着独特的优越之处：珍宝并未给那美酒增添任何滋味或营养，而他吃掉的郁金香，却为他那顿红鲱鱼早餐增色不少，让它变得美味异常。

对他而言，这笔生意之中最为不幸的部分就是，因为受到商人所说的"滔天大罪"的指控，他不得不在监狱里一气儿待了几个月——对于一个自由惯了的水手而言，这的确是一件痛苦不堪的事情。

另一个故事讲的是一位英国旅行家的逸事，与上一个故事相比，它同样是那么滑稽可笑。

一位绅士是业余植物学家，偶然在一位富裕的荷兰人家温室的地上，发现了一颗郁金香球茎。他根本不清楚其身价，只以为是个洋葱头。于是，他拿出随身携带的铅笔刀，剥开了这颗郁金香球茎的外衣，想拿它去做实验。

当他将这颗不知名的球茎外衣剥掉一半之后，他又按自己的方法，将其由中间一劈两半，就此分成了两等分，并且，又花了大量的时间，对其外表进行了细致的描述，并一一加以记录。

突然，球茎的主人猛扑过来，一把揪住了他。他发现，主人的双眼中燃烧着熊熊怒火。接着，他听到主人的严厉质问："你是否清楚自己正在做什么？"

旅行家回答："在剥一个最特别的洋葱的外皮呀！"

荷兰人叫道："疯子，天哪！这是一颗有名的'范·德·爱克'！"

"感谢你的赐教。"旅行家一边说着，一边将自己的笔记本拿出来，写下这个最奇特的洋葱的尊姓大名。接着他又问："这些可爱的东西在你的国家相当常见吗？"

"滚你的蛋！你快去死吧！"荷兰人怒不可遏地说着，同时将惊恐莫名的旅行家的衣领抓住，拉着他，"走，我们去找市政官。他会告诉你发生了何事。"

虽然他不停地表示抗议，还是被气急败坏的主人搜到了街上。在他们身后，跟着一群看热闹的愤怒的民众。当他被带到市政官面前时，他才知道，自己用来做实验的那颗球茎竟然价值4000弗罗林。听到这个消息，这个英国人吓得浑身冒冷汗，惊恐不已。虽然他想尽办法替自己辩护，企图减轻自己的罪行，不过，他还是被投进了监狱，直至其家人筹措到足够多的担保品支付给受害者为止。

1636年，珍稀品种郁金香的需求越来越大，以至于在阿姆斯特丹的股票交易所，以及鹿特丹、哈利姆、莱登、阿里克马、霍恩等其他城市，都建立起了专门从事买卖郁金香的正规市场。

如今，资本投机的症状首次出现。股票投机商一向对新的投机保持着高度的敏感，他们充分利用其在股票市场上驾轻就熟的各种手段，开始大量交易郁金香，从而操控了郁金香市场，让郁金香的价格起伏不定，可谓"波澜壮阔"。

开始的时候，如同任何一次赌博狂潮一样，人们无不满怀信心，跃跃欲试。所有人都从郁金香交易中尝到了甜头。为此，人们的腰包变得饱胀起来。郁金香投机者操纵着郁金香"股票"价格的上涨和下跌，并借助涨卖跌入的方式，赚取了大量的利润。许多人在一夜之间成为暴发户——人们的头顶上仿佛高悬着一只金灿灿的钩子，被其不可抗拒的魅力牢牢牵引着。

就这样，人们一个接一个地冲进郁金香交易中心，就如同一群群围着蜜罐团团转的苍蝇一样。所有人都认为，对郁金香的热情会永远保持下去，而财富也会从世界各地源源不断地涌入荷兰。无论对郁金香开出多么高的价格，人们都果断买进，照单全收。

一霎时，祖德·兹海滩成为欧洲豪富们的云集之处，荷兰的国土上，仿佛将永远不会有贫困的阴霾。贵族、市民、农民、技工、海员、脚夫、女佣，甚至连烟囱清洁工和年迈的洗衣妇，都参与到投资郁金香的行列。

各色人种，无论高低贵贱，竞相把自己的财产变为现金，然后将之投资于郁金香交易。因为人们争着将自己的房屋和土地出售掉，故而房地产的价格下跌得惨不忍睹。有时候，有人甚至直接在郁金香交易市场上和他人约定，把自己的房屋和土地用相当低廉的价格直接交换郁金香。

郁金香狂潮也让外国人迷失了方向，荷兰顿时成为世界各地金钱狂溢之处。为此，荷兰本地的生活必需品价格不断提升，而且升幅可观。随即，房地产、马匹、马车以及不同种类的奢侈品的价格也随之水涨船高。

一连几个月，荷兰看上去如同财神家的前厅一般，所有人均可以由此登堂入室，成为富人中的一员。郁金香交易的操作，及操纵的范围变得相当广泛，以至于错综复杂，难以分辨。为此人们意识到，必须制定一条法律，用来指导、规范交易者的行为。同时，公证人和办事员也将自己的全部精力投入到从交易中谋利去了。

在一些城镇里，公共公证人这个名衔，几乎少有人知了——郁金香公证人将其位置"盗用"了。

在小一些的城市里，由于不存在交易所，于是，当地主要的大酒店、大旅馆就成为人们选择的"展览之所"，熙熙攘攘的各色人物在此从事郁金香的交易，并在奢华的娱乐享受中做着交易。有时候，此类餐会的参与者多达两三百人。在进餐的同时，餐桌和餐具柜上每隔一段距离，就摆放着一大瓶正在盛开的郁金香，人们为此心旷神怡，诗情雅兴油然而生。

可是，到了最后，那些相对来说比较谨慎小心的人们开始担心了。他们认为，这种狂热的行情不会永远持续下去。于是，富裕的人们将买来的郁金香高价卖掉，而非种在自家的花园里。在转手的过程中，他们获得了高额差价，赚取了大量利润——看起来，必定有人要得到最后一棒接力棒，并由此承担可怕的损失。

当这种观点得到越来越多人的认可时，抛售手中的郁金香就开始成了一种社会共识。为此，郁金香的价格跌了下去，并且再也不曾涨起来。结果，人们的信心被彻底摧毁了，所有交易者的心被巨大的恐慌抓住了。

原本，A已经以每颗4000弗罗林的价格，向B购买10颗"永远的奥古斯塔斯"。双方约定，6周后交割达成协议。B于规定的时间将需交割的货物准备好。然而，此时"永远的奥古斯塔斯"的价格已经跌到每颗300或者400弗罗林。不过，A不但不同意补足差价，反而拒绝接受这些郁金香球茎。同样，与之相似的种种违反协议的事件，在荷兰每个城镇里每天都在上演着。

几个月之前，许多人已经开始产生了怀疑。那些拥有成百上千颗郁金香球茎的人发现，自己由于倾尽家财购买郁金香，导致过于贫穷。于是，他们将自己的郁金香球茎拿出来换钱，结果无人问津，纵然他们给出原来价格的四分之一，也没人肯买。

那些先知先觉者因为这种现象而警惕性倍增。悲痛与绝望的呼声从四面八方传来，人人都在咒骂自己的邻居。也有少数率先发财之人，在周围的人一点儿也没察觉的时候，将财富藏匿了起来，然后投资于英国或者其他国家的基金。

太多人经过一番艰难的挣扎，才得以借助郁金香投机而发财致富，摆脱了从前那种苦难的生活，过上现在这种富裕的日子。可是，因为郁金香泡沫的破灭，他们又沦落到从前的那种生活中去，重新生活在阴暗与愁苦之中。

郁金香泡沫的破灭，也让众多富人受到牵累，他们中的许多人也沦落到了近乎乞讨为生的穷苦境地。众多贵族只好眼看着自己的家族财产毁于一旦，却找不到任何补救的办法。

当第一声警报平息之后，一些城镇里的郁金香拥有者们聚在一起，召开了公众会议，他们要讨论如何才能最有效地恢复公共信用。人们普遍认为，理应由各地选派的代表到阿姆斯特丹与政府协商，找到根治这场灾难的良药。

开始的时候，政府对于干预此事表示拒绝，不过，政府的建议是，郁金香拥有者可以在其自己人之间达成某种协议，同意进行某种安排。为了达到此目的，他们召开了数次会议。然而，大家想不出能满足被愚弄了的人们的要求的方法，甚至也无法对其所遭受的不幸给予哪怕一点儿补偿。

人人都在不停地抱怨、斥责，怨天尤人，痛恨一切。而人们发泄不满的最佳机会，就是召开这些集会。

不过，经过持续几年的争论与恶意相向之后，最终，在阿姆斯特丹召开了郁金香拥有者代表大会，并且达成了协议——所有在郁金香狂潮最高峰时达成的合同，或者在1636年11月之前签订的任何有关郁金香交易的合同，均被宣布为无效；而在此日期之后签订的契约，购买者也理应在支付给卖主10%的合同金额后，解除购买郁金香的义务。

这样的一个决定并不能让人满意，那些无法将其手中的郁金香卖掉的卖主们尤其不满意；而那些原来已经承诺购买，而如今却避之唯恐不及的买主们则认为，自己受到了十分不公正的对待。

在过去曾经可以卖出6000弗罗林高价的一颗郁金香球茎，如今仅售500弗罗林；原价的10%已经比如今的实际价值还高出100弗罗林。破坏合同、不守契约的闹剧不停地在荷兰各地的法庭里上演着，《合同法》不断被动摇。然而，法庭仍然坚持承认了这种赌博性质的交易。

最后，海牙省议会被授权处理此事。人们满怀信心地期待着它可以凭借智慧找出恢复公共信用的方法。人们期待着议会能在最短的时间里，拿出解决问题的办法，并做出明智的决定。然而，事实却让人们大失所望。省议会的议员们花了数周时间思考。最后，经过三个月的深思熟虑，省议会宣布，假若他们掌握了更多的资料，就可以得出最终决定。

不过，他们同时又提出，在有证人在场的情况下，卖方原则上可以遵照原来约定的价格，将郁金香球茎提供给买方，并且获得原定的金额；若后者拒绝接受，那么，可以借助公开拍卖的方式来出售这些郁金香球茎，而原来的契约人有责任补偿实际价格与原来约定价格间的差额——这事实上就是代表们曾经提出的计划，实践已经证明，这根本无法操作。

在荷兰，没有一家法庭愿意强制买方支付费用。于是，在阿姆斯特丹，人们纷纷讨论这一问题，不过，法官们极默契地拒绝干预此事——依据是：在赌博之中签订的债务契约，并非合法的债务契约。

于是，这件事就此被搁置一边。对政府而言，找到让公共信用重振的良方，显然已不在其能力范围之内。那些在郁金香球茎价格突然暴跌时没能及时出局，手中仍然保存着郁金香球茎的人的确倒霉透了，他们仅能以乐观的心态去承担巨大的损失。

相对来说，那些动作较快，及时落袋为安的人，则确保了自己的盈利。不过，这个国家的商业却因此遭受了一次非常严重的打击，直至很多年后才从灾难中缓过来。

在一定程度上，英国人也曾以荷兰人为榜样。1636年，郁金香球茎在伦敦交易所公开出售，投机商们同样各出奇谋地将其价格炒作到了一个人为的高度——与在阿姆斯特丹炒作郁金香球茎的价格相同。在巴黎，投机商们也努力地掀起了一阵郁金香狂潮。

在伦敦和巴黎，投机客算是取得了局部性的胜利。不过，榜样的力量还是让这些花朵风靡一时。比起其他任何一种花朵，在一定阶层的人们中间，郁金香从此拥有了更高的地位，也更加被人们重视和珍爱。

直到现在，荷兰人还是因其对郁金香的偏爱而举世闻名，并且继续愿意付出比世界上其他国家的人民更高的价格购买郁金香。

就如同富有的英国人一直自矜于良种骏马或收藏的名家古画一样，有钱的荷兰人也一向以自己拥有的郁金香为荣，对它们特别珍惜，且以之为傲。

在我们这个时代的英格兰，若一颗郁金香球茎的价格竟然远超一棵树，那并不奇怪。若有人可以找到一颗"rara in terris"（这是一种相当少见的黑色郁金香，就如同黑天鹅的幼鸟一样稀有、美丽），那么，其价格会相当于12公顷（0.12平方千米）的玉米。

在苏格兰，17世纪末的一位作者在《大不列颠百科全书》第三版补编中注明：郁金香的最高价格是10畿尼。由此看来，从那之后，其价值始终处于下降趋势。

到了1769年，"唐·奎维杜"和"瓦伦蒂诺"成了英格兰最值钱的郁金香品种，前者的价格是2个畿尼，后者的价格是2.5个畿尼。由这样的价格可以看到，此时，郁金香的价格已经到了跌无可跌的最低价了。

1800年，郁金香价格逆势反弹，就算是一颗普通的郁金香球茎，也可以卖出15畿尼的价格。到了1835年，在伦敦的公开拍卖之中，一颗名为"范妮·克姆勃小姐"的郁金香球茎，竟然卖出了75英镑的价格。

更加引人瞩目是，两位住在切尔西国王大道的园林工人拥有的一颗郁金香球茎，价格竟然高达200畿尼！

困惑之惑

[荷]约瑟夫·德·拉·维加

困惑之惑

导　言[①]

　　不管是谁，倘若他对约瑟夫·德·拉·维加的《困惑之惑》略加了解，必然会注意到，其关心的其实是人性方面的咄咄怪事。

　　摆在您面前的这本书，是一位葡萄牙犹太人用西班牙语写就，在阿姆斯特丹出版的。本书用对话的方式展开叙述。通篇充满着一种圣经式的、历史的、神秘主义的暗示。

　　不过，本书主要谈论的是股票交易方面的问题。并且，早在1688年，它就已经出版面世了。

　　很明显，对于这样的一部作品，做一番细致的解释说明，是很有必要的，有助于读者更好地领会书中的精髓。

---

①　这是该书1957年以《困惑之惑》的名字再次印刷的时候，赫曼·克伦本兹所写的导言。

德·拉·维加其人

　　15世纪时，西班牙和葡萄牙的教堂向当地的犹太人（和摩尔人）施加了巨大的压力，打算诱使其接受基督教。有些犹太人果真皈依了基督教。不过，许多犹太人仅是表面上的应付，他们巧妙地和教会周旋，私下里，却秘密地保持着自己最初的信仰。

　　1492年，拒绝皈依基督教的犹太人（和摩尔人）被逐出了西班牙，很多人逃亡去了葡萄牙。然而，到了1536年，葡萄牙人也开设了审判异端的宗教法庭。于是，移民到这里的犹太人不得不再次踏上迁徙之路，往别处寻找避难所。

　　有一些本来生活在西班牙和葡萄牙的犹太人，因为受到北欧潜在的商业机会的吸引，于是，移民到北欧的城市中，他们出色地发挥着自己的商业技巧，从而成为当地企业界一支重要的力量。

　　德·拉·维加的家族，似乎当属于"新基督教徒"一类。维加的家族的老一辈移民到了葡萄牙；接下来，似乎在1536年，这一家人又返回了西班牙；最后，一百年之后，即1630年左右，这个家族又移民去了低地国家。这家人发现，大量的同胞定居于台伯河两岸和阿姆斯特尔河两岸。

　　在这片土地上，人们可以按照自己的传统自由地生活。这种类型的移民者首次出现在这一区域的时间，是在15世纪末期；在接下来的那个世纪里，越来越多的人以越来越大的规模流向此地区。

在这本《困惑之惑》问世的时候，北欧的"西欧犹太人"社团，实际上已经获得了相当的发展，其影响力在当地也越来越强，逐渐达到了高峰。这些侨居外国的犹太人绝大多数都讲葡萄牙语，那成了他们的官方语言。于是，人们称他们为"葡萄牙犹太人"。

不过，那些在文学方面拥有雄心壮志的人，选择用西班牙语写诗、写剧本、写法律专题论文，以及其他作品，其数量之多令人心惊。在受过教育的人中，懂得西班牙语的人更多，而非懂得葡萄牙语或者荷兰语。或者可以这么说，对任何一个构成"葡萄牙犹太人"的个体来说，不管其母语是什么，于他们而言，西班牙语就是其共同语言。

而在阿姆斯特丹，相比于在汉堡，犹太移民获得了更多、更大的商业机会，并且拥有了更大的自由。没过多久，阿姆斯特丹的犹太人定居区的范围，就远超台伯河沿岸的城镇，并焕发出让人炫目的光芒。在17世纪的欧洲，犹太人的活动依然被那里的教堂和行会强加了诸多限制。

例如，1632年3月21日，阿姆斯特丹公布了一条法律，禁止犹太人参与由当地行会成员从事的所有职业。犹太人也无法在任何一个当地行会中获得会员资格。同时，犹太人也不许贩卖商品或者开设零售商店。仅向其敞开且又符合犹太教宗教习俗的行业，就是手工艺制作，那也是唯一不曾被纳入行会组织的行当。

依据这些条件，犹太人可以从事的行业包括：屠宰业、家禽贩子、面包师，以及钻石切割等。不过，在批发贸易和运输业中，有相当数量的人得到了经纪人这个职业，而其他人则可以从事资金借贷、货币兑换以及其他类似的职业。

从这些最近才公开的资料中，我们可以了解到，实际上，统治者和贵族家庭从来就是那些拥有最大的财富，且从事着最大规模的金融交易的人。可是，相比于其他种族的人数，参与阿姆斯特丹的经济生活的"葡萄牙犹太人"的比例，远远大于其他种族的人群。

最近的调查也表明了，相同的结果，这些犹太人获得财富的主要来源是商品贸易：将糖类、香料、盐、作为染料的木材、珍宝以及贵金属从南方进口进来，并且从事北方所需的原材料的出口，尤其是那些附加值很高的制成品。

不过，这些犹太人看起来似乎存在着一种很强的倾向，喜欢参与城市中的金融活动，其中就包括纯粹的投机。至少，一位与作者同名的、当代的约瑟夫·德·拉·维加（一位学识渊博的"英国绅士"），在其 1701 年所作的《荷兰概况》一书中写道，"在那种交易（股票投机）中，犹太人起着相当重要的作用，并且，据说每 20 笔交易中，就有 17 笔是由他们达成的"。

此处的"交易"，指的是对东印度公司股票的交易。依据上面这段话来判断，我们可以有充分的理由确信，约瑟夫·德·拉·维加，作为阿姆斯特丹犹太人社区中的一员，可以成功地得到和那个城市中的股票投机有关的、翔实的信息。

如今，我们已无法准确地考证出德·拉·维加的出生时间和出生地了。很明显，他差不多是于 1650 年出生的。当他还是一个年轻人的时候，他在里奥那度过了一段美好时光，然后，又到阿姆斯特丹定居，虽然他也经常去汉堡等地。在荷兰时，他就以其出众的文学天赋而引起众人的关注。

1667年，年仅17岁的德·拉·维加因为成功出版了一部名为《满怀希望的犯人》的希伯来戏剧而名声大噪，蜚声遐迩。这部作品被誉为"开创了希伯来诗歌的新纪元"。1673年，它在阿姆斯特丹出版发行，曾轰动一时。

虽然早年的时候由于受到家庭的影响，他曾经想以做一名犹太教教士为自己的职业方向。不过，实际上，德·拉·维加最后却成了一位商人。他经营着自己的商业事业，不过，其管理方式却相当独特，这让他拥有足够的时间从事写作。

空闲的时候，他会写一些关于婚姻方面的诗，以及赞美诗、小说、演讲稿，还有关于精神、哲学方面的论文。

同时，他还是德·洛斯·斯提邦多斯学会的一名会员。该学会创建于1676年，是由西班牙驻外代表德·贝尔蒙特先生创建的。他在学会中担任评判委员会委员一职。该学会的职责就是对交到这里的诗作进行评判，并奖励其中的优秀作品。

1685年，贝尔蒙特先生创办了一个名为德·洛斯·佛里多斯学会的文学评论俱乐部，德·拉·维加成了该学会的秘书长。他周游各地，这其中就有其妻的出生地安特卫普。在那里，他出版了好几部作品。此外，还有里奥那或者艾斯培约。

他的视野因为这些旅行而得以开阔，其知识也得到进一步的拓展。他的广博学识、多才多艺、语言天赋和在文学方面的非凡才华，得到了同代人的赞扬。

虽然人们进行了大量的学术研究，不过，直到现在，还没有一个人可以确切地将德·拉·维加的作品的完整清单列出来。

他在1683年出版的一本名叫《危险的旅行》的小说集的前言中写到,多年之前,他已经为王子和朋友们写好了200封信,在信中,就他们感兴趣的历史话题和当代的一些问题,他进行了阐述。

1683年,其小说集《危险的旅行》得以出版。这些小说采用意大利式的风格写成,他打算用崭新的、雄心勃勃的风格,唤起人们的注意。

在接下来的时间里,德·拉·维加最引人瞩目的作品面世了——这就是《困惑之惑》。它是一本关于阿姆斯特丹股票交易所的操作问题的对话录。此书采用了别致、新颖的对话体方式写成,于1688年出版。

1690年,英格兰国王威廉三世得到其奉上的一部小小的作品——他献给葡萄牙驻海牙大使狄戈·德·门多萨·科特·里尔的一篇演讲,这是其作品中为世人所知的最后一篇。

这篇演讲的发表日期是1692年3月15日,人们推测,这位文学天才在那之后没多长时间就去世了。

他如同其父亲一样,被埋葬于阿姆斯特丹的欧德柯克公墓。

关于《困惑之惑》

1688年5月24日，约瑟夫·德·拉·维加按照从前的惯例，将一份献词题写在自己关于阿姆斯特丹股票交易所业务的对话录上。献词称，此书是献给在那个城市的犹太人社区里极受人尊敬的荣誉成员——德瓦特·纽尼斯·德·科斯塔的。科斯塔的祖父老德瓦特和其父捷洛尼莫曾经在葡萄牙人复兴的时候，在汉堡和阿姆斯特丹共同替国王约翰四世效力，同时也是国王的代理人。

人们仅需看一看这篇献词，就会了解德·拉·维加从来引以为傲的华丽多彩、矫揉造作的风格，并难以忘怀。这篇献词就浮华程度而言，远超其同时代的作家们，全文围绕着"股票"一词，展开了丰富的想象，其中运用了大量的典故。在接下来的导言和最后的正文中，他延续了此种风格。

对话在一位哲学家、一位商人以及一位股东之间展开，共四段，借此，他将一幅有关交易所生活的生动而全面的图画展示出来。有时候，这些对话会被打断，故意偏离些主题，将话题转移到神秘主义、哲学、《旧约全书》以及古典诗词的领域中去——德·拉·维加这么做的原因，是为了制造"一种崭新的、不模仿任何人的风格，从而也不会被任何人模仿"的特点。

然而，其结果却让作品变得复杂、造作。只是因为这一个理由，就足以让其没了同时代的模仿者。而对于如今的人们而言，这种风格的作品也常常是难以理解的。

作者在本书的前言中强调，他写作本书的原因有三个：

第一，为了自娱自乐；

第二，为了那些在股票交易中不活跃的人们；

第三，他希望能把金融业中的"流氓无赖"惯用的阴险伎俩准确、全面地描绘出来。

关于最后一个原因，他的意图是警告那些参与投机的人，并让人们熟知骗子们的欺诈手段。不过，主要还是想揭露那些违法乱纪者的真实嘴脸。

他用"迷宫"来比喻交易所的生活，并且向读者保证，自己压根没有夸大其词：他写的东西看上去似乎让人觉得有些夸大其词，然而，实际上，他仅是如实地还原了事实真相而已。

本书之所以叫《困惑之惑》，是由于在股票交易这一行业中，人们行走在一个黑暗的世界里，没有人能彻底地理解这个世界。

考虑到这种复杂性，德·拉·维加选择对话体，其实是极恰当的做法。

这一问题的方方面面，会经过这种假想式的讨论，而得到全面的剖析。同时，他可以因此保持一种明显的客观性，借助文中一两位人物之口，来将自己的观点表达出来。人们普遍认为，文中的"股东"，其实是作者借以传达自己的判断和认识的传声筒。

股票投机的时代背景

德·拉·维加出版其作品的时候，股票交易和投机存在的时间还不到一百年。

没错，商品投机事实上具有比它们更加长久的历史。早在16世纪中期，阿姆斯特丹的人们就已经开始了谷物投机。稍晚一些，阿姆斯特丹人又开始了鲱鱼、香料、鲸油甚至郁金香的投机。而阿姆斯特丹证券交易所则成为此类交易的发生地。

交易所刚创办之时，只是一座露天交易的市场，地址在沃姆街。后来，直到1611年，阿姆斯特丹的商人们才将交易所的整个建筑真正修建起来。

1602年，六家从事东印度贸易的地区性团体整合成一家综合性的荷兰东印度公司。于是，最新的股票交易与投机出现了。依据官方的宣告，联邦省市的居民均有机会成为东印度公司的股东。

直到1606年，"股份"一词才被人们使用。任何一位拥有股份的人，都可以在支付一笔手续费后，将自己持有的股份部分或全部转让给他人。阿姆斯特丹的股份交易变得十分活跃。

荷兰东印度公司的股份交易场面火爆，以至于其原始股认购完仅数天后，价格就迅速上涨到票面价值14%到15%的水平。并且，此种上升的趋势始终在延续。到了1607年，荷兰东印度公司的股份价格已经比原始股提升了一倍。

可是，在接下来的一年中，其股票价格开始下跌，这一现象的始作俑者是以伊萨克·李·梅尔为首的一群投机者。他们暗中操控着股票价格，使之发生这种波动。

实际上，梅尔和荷兰东印度公司的竞争对手——法国东印度公司有着千丝万缕的关系。这些早期股票市场的"操纵者"会抛售数量可观的股份，借助"卖空"和散布对荷兰公司不利的谣言，对荷兰东印度公司股份的价格进行打压。

所以，1610年2月27日，第一条禁止股票投机和操纵类活动的法令被颁布，内容是禁止对股票进行"买空卖空"的操作，换句话说，也就是禁止对卖方并不拥有的股票进行交易。该法令还承认了股票的真正拥有者在未来交割如今出售的股份的权利。

1621年，法国和西班牙爆发战争后，政府又颁布了第二条法令，同样禁止"空头交易"，也包括买空、卖空的行为。然而，读者会发现，这种买空、卖空的投机行为自始至终就不曾被根除。

看起来，交易量的大小，是受着价格的变动幅度和操纵市场的手段的不同而发生变化的。就像刚才提到的那样，就在东印度公司成立之后的第一年，人们就看到了太多的股票投机事件。

接下来，1621年，荷兰西印度公司成立。这一年，也同样成了投机交易格外活跃的时期。

那时候，人们开始交易西印度公司的股票，而在那之后的1621—1648年间，法国和西班牙的战争以及"三十年战争"所引起的人事变迁，导致商业活动始终处于格外活跃的状态。接下来，便是长达一二十年的相对平静期。然而，一场股票投机将1672年的危机带到了人们面前。

1677年，在相隔差不多四十年之后，一条新的法律实施了——它最大限度地保护了东印度公司股东的利益。

在17世纪80年代期间，股票交易呈现了大量增加的态势，并且，首次有人对于股票交易所引发的问题进行异常活跃的讨论。1687年，来自阿姆斯特丹的律师尼古拉斯·穆伊斯·范·霍利认为，将空头交易的罪恶揭露出来势在必行。于是，他决定出版一本小册子。

在这本小册子里，他指出，一些股票交易市场上的职业自营商，急于使用各种伎俩得到政府及公司的机密，从而利用这些所谓的"内部消息"，从普通的投资者身上获利。为了减少投机，尼古拉斯建议，除了对所有的股票买卖进行登记外，还要对所有的交易加以征税。

1688年1月13日，阿姆斯特丹地方行政官颁布了一项法令，正式对股票交易征税。

就在17世纪80年代这样的环境下，德·拉·维加的《困惑之惑》面世了。有证据表明，作者曾亲历股票交易，因此，对交易行为有着相当深切的体会。

他曾经用一种夸张的方式明确地说，借助于股份投机，他曾经获得了五倍以上的利益；而同样也是借助于股票投机，他又曾输掉了同样多的钱！若人们能深入洞察本书的独特性，那么，将会看到一个真实的股票市场。

德·拉·维加一方面将交易所投机的历史清楚地告诉给读者，另一方面，让他们了解了那时的股票市场中采用的诸多投机方式。在书中，他还十分惊人地让我们发现，我们今天正在运用的绝大多数惯例，实际上，17世纪的人们已经在使用了，而且其术语能和如今的始终保持一致。

确实，我们会发现，像差价、延长、流动化、限价、经纪这样的表述方法，在那时已经被使用。如今，世界各地的人们已经学到了荷兰人用来从事贸易和金融交易的表达方式。

有的投机者选择股市上涨时进行投机，有的投机者选择股市下跌时进行投机。不同种类的投机者，均拥有众多的跟风者。

"诉诸弗雷德里克"，是《困惑之惑》中使用频率最高的用语。不过，如今这个词已经消失不见。但在当时，这个短语曾在短时间内产生过很大的影响。它借指之前提到过的、1621年以来出台的众多法令中反复出现的一个条款（这些法令，均为弗雷德里克·亨利在任的时候颁布的，因此得名）。

依据此术语，一份"空头"合约的购买者（或许也会是其他人）可以不遵守合同的条款。换言之，他可以对此份协议拒不承认，而其行动也会得到法庭的支持——法庭的目的相当明确，就是要让投机的危险性不断增大。

就某种意义而言，可以将"诉诸弗雷德里克"条款看作一种方法，对1610年法令中直接禁止"卖空"的禁令予以加强。

有时候，德·拉·维加的叙述时断时续，或许是因为他的疏忽（小说作者经常会犯这样的毛病），也或许是他本人的思想也处于"困惑"的阶段。

有时候，他表现得相当夸张，这也许是为了增强文章的表达效果，就如同戏剧作家会运用的那些方法一样。

若想理解《困惑之惑》中和阿姆斯特丹股票交易所的操纵相关的数据资料，务必要了解以下的内容：

1.书中涉及的证券，主要是指荷兰东印度公司的股票。这是一家组建于1602年的企业，并且，曾达到过非常繁荣、兴旺的程度。

相比之下，荷兰西印度公司所扮演的角色就差得很多了。就成立时间相比，西印度公司成立于1621年，要比老对手——东印度公司晚得多，并且，就成功的程度而言，也远不如东印度公司。

政府债券在书中仅提到过一两次。不过可以看出来，国债买卖是很正常而规律的事情。

当然，东印度公司也发行过外部债券，不过德·拉·维加却不曾予以特别提及。

实际上，西印度公司的股份仅在"发行当时"的基础上被买入和卖出。1621年，荷兰议会颁布了一项法令。法令中断言："我们依据充足的证据获悉，有些人甚至已经在出售马上就要获得发行的西印度公司的股份，这些股份需要付款、登记、过户，为的是可以于公司成立之后，将这些股份以最快的速度加以交割。因为这种类型的投机，我们的权威、决定，以及善良而美好的意图，均变得无效。"

东印度公司的股票名义价值是500佛来芒镑，合3000荷兰盾。1688年，其报价已经是其名义价值的580%了。与之相对应，在那个时候，1股股票的市场价值实际上已经超过了1.7万荷兰盾。也许，这种高昂的单位价格，与股票买卖的投机工具的发展不同，但又存在着相当密切的关系；因为，前者很快被后者所取代。

2.公司成立的时候，由荷兰的几个城市里的商人持有其股票。由这几个城市的商人股东形成的、不同的地区分会轮流参与公司的管理。就在总股份数额中所占的比例而言，阿姆斯特丹分会拥有的股份数是最大的。不过，由于其他地方的人们拥有的股份时不时地转手，其换手时的成交价格也和阿姆斯特丹的价格有着很大的差异，可以说，其中的价格之差大到让人震惊。

不过，德·拉·维加讨论的重点，差不多完全局限于阿姆斯特丹一地的特定情况之中。

3.阿姆斯特丹市场的基本要素如下：富有的投资者；以城市商人为主的偶然的投机者；永久性的投机者，他们或者投机于真实的股票，或者投机于单位较低的替代品；阿姆斯特丹银行；用股票作为担保品贷出资金的人（就个人角度而言，他们可以被视为"富有的投资者"）；不同类型的经纪人；rescounters——其作用在于结算真实股份交易的"差额"，直到1688年，还有一个相应的职位，专门从事虚拟股票交易的"差额"调整工作。

4.在阿姆斯特丹的市场上，存在着不同类型的交易：

（1）现场支付现金的真实股票的买卖。

（2）有相当一些买卖，支付价款的资金来自借贷者，这样的交易占到总价值的五分之四。

（3）在有的交易中，结算的具体日期被约定为未来的某个日期。换言之，结算期限远超正常的月度结算日期。很明显，这些"期货"合约一方面用于投机，一方面用于保值，不但方便了投机者，也便于替放贷者以证券为担保放贷。德·拉·维加暗示说，后一种人一般会借助于"期货"合约这样的手段来套期保值。

早在1610年，抵押就已经（在那一年的公告中）被提到过。针对长期合约的卖方而言，在未到期之前的那段时间，可以抵押证券。

自然，双方还可以做出其他安排。交易者们运用此方法的频率很高。

借助于合意安排，"期货"合约的到期日得以延后，前提是合约双方明确表明了同意将其延长的目的。这种行为就是"延期"。

事实上，在上述"期货"买卖中，空头交易占有很大的比例，虽然此类交易被荷兰以及阿姆斯特丹的法律所禁止。

（4）还有期权合约。此种合约至少包括两种，即"买入期权合约"和"卖出期权合约"。这些交易方式从那之后，就始终存在着，一直到现在。

其方式如下：处于"买入期权合约"下，一方同意，在特定时间内，若合约的对方要求买入，他就会按照合约规定的价格转售规定数量的股票；相应的，在"卖出期权合约"下，一方在特定时间依照合约规定的价格和数量，同意接受对方卖出的股票（这些很明显也是一种特殊类型的期货合约）。

在一两处文字中，德·拉·维加暗示道，和如今的"鞍式"期权合约相似的交易种类已经存在。所谓的"鞍式"期权，就是合约的一方认可在特定时间按特定价格买入或者卖出特定数量的股票的方式。

在任何买入或者卖出期权协议中，拥有特权的购买者都一定要支付一笔"期权费"。其数额的大小取决于诸多条件，如合约有效期的长短；合约出售者对合约所针对的股票价格的变动趋势作怎样的判断，也就是上涨的可能性和下跌的可能性哪个大，哪个小，等等；很明显，在同一时间里，正在协商议价的同类合约数量的多少，受着期权费高低的影响；还有其他一些不太重要的因素的影响。

有时候，真正的投资者也会利用期权合约来进行套期保值，不过，期权合约使用更多则是用于纯粹投机。一份"买入期权"合约（"买入期权"又称"看涨期权")的购买者（就像如今的"期货"合约）这么做的原因，并非为了在特定时间以既定价格真实地买入股票，而只是对期权合约中规定的价格、合约中规定的到期日时市场价格间的差价更感兴趣。

他们的主要目的，就是希望股票的市场价格能够上涨，且涨幅超过合约中规定的"执行价格"，从而可以在到期日用规定的较低价格买入股票，然后，将之在市场上以较高的价格抛售，从而获得二者的差价；或者直接在到期日之前，将一份卖出期权买入，轧平头寸，并且清算差价。

同样，对那些将期权合约用于保值的目的，而非真的对接受或者出售股票感兴趣的人而言，也是同样的目的。

（5）除此以外，虚拟股份的买入与卖出，也是其中的一种（此类交易出现的时间不长，发源于1688年。事实上，当德·拉·维加写作本书时，荷兰所遭受的萧条让人们抛弃了它）。只是，依据德·拉·维加的说法，我们很难判断，此种交易所达到的总金额。对此段时期进行研究的学者们断言，此种股份是虚拟的，并不是现实的存在。

可是，德·拉·维加却相当肯定地提到了那些"买入大量股份并将虚拟股份卖出"的交易商，并且，还提到了那些由于"大量抛售股票""买入虚拟股份"的交易商们。在此，我们可以确定的是，作为"买入"和"卖出"，这两个德·拉·维加使用的词语，实际上是一种简略的说法，其真实意思是，拥有一个多头头寸或者一个空头头寸。

不管怎样，我们自最出色的权威人士处获悉，在此类交易中，

"股票"的名义价值，仅为真实的东印度公司股份票面价值的十分之一。当然，真实交割的虚拟证券是没人想看到的，每月清算一次损益，才是整个交易的关键所在。

实际上，包含交易内容的诸多文件和单据，才是交易双方执行的内容。在协议确定的清算日，猜错了股价走向的一方，要向另一方支付预期的价格与实际价格之间的差价。事实上，整个交易就是对股票市场未来走势的一种赌博——虚拟股份的价格走势，也在一定程度上和真实股份的价值有着密切的联系。

德·拉·维加将人们为了清算的目的，怎样在指定日期确定虚拟股票的价值的情形，进行了具体的描绘。当确定并公布虚拟股份的价格时，交易所里的人们处于怎样兴奋且困惑的状态中。

很明显，交易所的一位官员以一根举起的棍子作为信号，为的是告诉人们，特定期间内的任何交易都会终结。有的人满心希望木棍晚些时候再举，有的人则希望它越快竖起来越好。这正反两种心态，充分反映了投机者不同的愿望。

德·拉·维加还指出，那些街角的投机者，既买不起，也卖不起虚拟股份，因此，他们进行着低价股票买空卖空的虚拟交易。就此点而言，德·拉·维加也许一点儿也没有夸张。

5.有一点尤其值得注意——众多投机活动的性质与特点，都和现在绝大多数美国人所熟知的投机很不同。至少，就精神方面，二者的区别相当大。在美国，因为每天都要清算盈亏损益，所以，交易者在考虑问题时，会从自己真正购买和出售的角度出发。纵然有的交易可以用借来的股票，不过，交易者还是承受着较大的压力。

实际上，在17世纪的阿姆斯特丹，甚至在数百年后的欧洲各地，投机者考虑的，仅是自己预期价格和实际价格之间的"差额"。即一个是交易者同意支付的价格，同意在此价位上出售或交割股票，或在此价位同意买入股票；而另一个价格则是在规定的时间点上的当前市价，而两者的差额就是投机者最感兴趣的。

这种思维模式的形成，因为按月清算的体制得到了充分的刺激。一个人可以采取诸多对策，可以变动头寸，并且，一些交易还可以平衡或者轧平其他交易，并与之对冲。

这种"清偿"方式的可能性，正是德·拉·维加曾提到的经纪人产生的根源。虽然，依据报道所言，经纪人的历史可以向上追溯到17世纪，不过，德·拉·维加的描述却暗示我们，这种情况发生并不久。

在书中，德·拉·维加还提到了监控、记录与虚拟股份有关的合约，这是由"总出纳"主持的同一类型的操作。

6.就像我们早已提到的，债务的清算是每月一次。真实的股票清算日是每月的20日，而实际的支付日则是25日。虚拟股份的清算日是在每个月的1号，虽然德·拉·维加在某处提到，当时虚拟股份的清算是每月两次，就是每月的月初和月中。

7.很明显，为了让支付更有效率，阿姆斯特丹银行的余额也被利用上了。在谈到股票时，人们说的是"可以在银行支付"；而期权合约的期权费就是"在银行立即转账"。

德·拉·维加所说的"定期账户"由客户的所属银行予以保留，这种账户的性质，看起来是将每月清算的程序、时间方面的协定以及政府为消除卖空所做的努力等联系在一起，并保存下来的准官方性质的记录。

看来，卖方仅需向阿姆斯特丹银行提交一份有效的通知，就足以证明自己并非卖空，而银行将会保留这份证明，直到支付真正发生时为止。由此可见，当股票购买者用一部分借款购买股票时，阿姆斯特丹银行也会设立一个类似的"定期账户"。

东印度公司的股票并不能直接转手交换，它并非可议付、可转让的票据。只在买者和卖者作为交易的双方出现在东印度公司的办公室里，由公司和秘书将相应的数据记入公司账簿后，股票的销售或者过户才能算生效。

8.买入和卖出通常（却不一定）都是通过经纪人进行的，经纪人又分为多种类型。一种划分方法就是宣誓经纪人和自由经纪人。宣誓经纪人是政府颁发执照，并予以认可的经纪人，其人数受到限制，并且，他们无法获准用自己的账户进行交易；而自由经纪人的数量有很多，虽然他们不如宣誓经纪人那样受到政府的严格检查，不过，实际上，他们获得了德·拉·维加给予的相当高的评价。

另一种划分方法是包括多头经纪人和空头经纪人。德·拉·维加并未说明宣誓经纪人和自由经纪人之间是不是也形成了这样的同盟，而且，也不清楚这种同盟为何会形成。关于他多次揭示的空头与多头之间激烈的争夺这一背景，依照德·拉·维加的暗示，或许与之有关。不过，自由经纪人为维护自己的利益所进行的交易，或许也是形成空头与多头之间的联系的原因。

有时候，投机者或许意识到，经纪人才是自己真正的同盟。不过，当看到作者所写的经纪人改弦易辙的事例，我们也清楚了：他们之间的联盟并非十分牢固、可靠的。

9.股票的交易场所不固定，可以发生在阿姆斯特丹的诸多地方。

一般的情况下，交易若是在上午，地点是在老水坝的一块特定的露天区域；交易若是在下午，地点就是交易所的大楼里。不过，作者所举的其他一些例子也说明，有时候，交易地点也可能在其他地方，像咖啡屋、私人宅邸，有的甚至在床上！

10.实际上，若想对证券交易进行有效的法律约束，困难重重，这些制约因素主要包括：

（1）若一个人在交易时，未履行自己的法律义务，那么，他会被宣布破产。不过，这里指的是真实的商品交易、土地交易等。

（2）为了防止股票经纪人（自由经纪人以及宣誓经纪人）用自己的账户进行交易，立法者付出了很大的努力。看起来，法律拥有足够的强制性，从而让宣誓经纪人遵守法律，而自由经纪人有时却建立起名义上和自己无关的企业，借助于这些企业从事投机活动。另一方面，德·拉·维加在书中多次暗示我们，众多经纪人事实上就是为了自己的利益而从事投机活动。

（3）就像前面已经提到的那样，表面上看，立法者为了消除卖空现象做了很大努力。早在1610年，当荷兰开展股票交易的第一天时，荷兰议会就颁布了一项禁止任何卖空协议的法令。并且，这条法令曾被无数次地修订、颁布。

从1620年开始，允许投机者拒绝承认、履行某些类型的合约的法令被颁布以来，多部与此相关的法令也相继出台。

可是，想要执行法律，让它发挥应有的作用，还要依靠市场本身的努力。看起来，没有一位官员认为，自己有义务去干预这件事。德·拉·维加也没有举出哪一个官方的例子。

总之，这些法令的目的似乎是为了防止或消除人为打压股价的行为。换句时尚的话来说，那就是"操纵市场"。

当德·拉·维加潜心写作之时，股市正在经历危机，而在接下来的那一年里，危机又一次袭来。投机者一度为之士气消沉，直到《困惑之惑》这本书被人遗忘。

直到20世纪时，历史学者才又将本书发掘出来。随即本书就享誉世界。

不过，本书最大的价值，还在于致力于学习经济学和商业史的人身上，这其中就包括那些将1939年的荷兰语译本翻译成英文的人。可以说，世界上不存在任何一本书，能像《困惑之惑》一般，对阿姆斯特丹的股票交易进行如此广泛而全面地描写、分析。

在17世纪的世界上，也没有其他任何一个地方如同阿姆斯特丹一样，有着如此高度成熟的一个行业。并且，这部作品的重要性并不曾因时代变迁而削弱。悉心阅读德·拉·维加的作品，你可以了解到，股票交易是怎样在极短的时间内变得复杂、深奥起来的。

实际上，人们还可以了解到，荷兰人是怎样借助于犹太人，在短短几十年的时间里就制定出了成熟的交易程序和交易策略。

而直到如今，这些程序和战略还被操作者、管理者运用着，并且，几乎可以说是原样照搬，未做任何改进和提升。

赫尔曼·克伦本茨

1957年1月

维尔茨堡

第一段对话

入市——寻求法律庇护还是支付保险费

哲学家：这是一种怎样的生意呀——我经常听人们谈论它，不过，我不但不理解它，也不想付出努力去理解它。我也从未见到任何一种和它相关的书，可以帮我轻松地认识它。

股东：我必须得说，您是一个相当无知的人。我的朋友格里比尔德，倘若你果真对这行业一无所知，那么我要告诉你的是，它在欧洲曾一度是最公平也最有欺骗性的"谜一般的行业"，它在世界上是最高贵也最臭名昭著的行业，这是这个地球上最美好也最粗俗的行为。

作为学术研究的精华与典范，它是欺骗的典型；它是智慧的试金石，也是违法者的墓碑；它是有用的宝藏，也是灾难的源泉。总之，它是行动不止的西西弗斯，又是被锁在那转动不止的车轮上的艾克西恩。

哲学家：难道你不能因为我的好奇心，而向我简短地描述一下这种欺诈手段，并且简要地解释一下它吗？

商人：那也是我的愿望。由于对我而言，订单的获得、货物的运输、汇票的流通是如此令人痛苦。我在这沉重的工作量的压迫下，一心想要找到另一种方法获取财富。纵然此方法存在着损失的风险，我也心甘情愿，前提是它可以令我免于这些沉重又辛苦的工作。

股东：这个新兴行业最好，其最引人入胜之处就在于，它可以让人变得富有，而无须承担风险。

实际上，你无须让你的资本受到威胁，也无须拥有任何关系，也无须预付资金，更无须拥有仓库、设置出纳员，当然，也无须为了中止支付以及其他所有不可预见的偶发事件而担心，就可以期待着获得大量的金钱。不过，若你处于交易中运气不好的地位，那么，你就得改名换姓，销声匿迹。就如同希伯来人一样——一旦他们发现自己患上重病，他们马上就会改头换面，为了减轻病痛，祛病消灾。

和他们相同的是，那些发现自己身处困境的投机者发现，一旦销声匿迹，自己就可以从马上就要发生的危险和让人痛苦不堪的焦虑状态中获救。

哲学家：他会改成何名呢？是菲力普，还是列奥那多，或者是迪亚哥？

股东：不，他无须为自救而让自己受制于他人，或者如同名言中所说的"接受维拉·迪戈的长筒袜"一样[1]，他仅需提及弗雷德里克[2]的名字，就可以让自己免于劫难，摆脱任何追索了……

我打算满足你们的意愿，将此行业的起源告诉你们。你们会发现，其实，股票是为智者而非傻瓜而存在的。

---

[1] 这里引用的西班牙谚语有两种形式，Tomarlas de Villadiego 或者 Tomar las Calzas de Villadiego，意思是仓皇逃跑。维拉迪戈是布尔戈斯省的一个地方，居住在那里的犹太人使用的一种及膝马裤，以金属镶面，以便他们可以随时做好准备，躲避迫害他们的卡斯蒂利亚人。

[2] 这里所指的名字其实是弗雷德里克·亨利。见《导言》。

　　1602年，一些荷兰商人组建了一家公司，其中的股东就包括这个国家最富有的人们。没过多久，他们就募集到了64.3吨黄金（折合640万弗罗林以上）的资本金。随即，公司建造了数艘轮船。1604年，这些船起航，去东印度从事探险活动。

　　该公司的财产被分割成数部分，不过每个部分（即股份，其上附带着对盈余或利润采取行动或索取权利的可能性）的金额，均为500镑（佛莱芒镑）①，差不多折合3000弗罗林。可是，有很多的人并未认购一整份股份，而是凭自己的财力、倾向或者对未来的预期，仅认购了一份中的一小部分。

　　轮船出海之后一帆风顺，未曾遇到"风车式的假想敌"（典出《堂·吉诃德》），也未遭遇传说中的巨大海怪。它们成功地万里远航，也胜利地征服了当地人，最终，满载着丰富的货物顺利返航。这一顺利的进程意味着它们获得了丰厚的利润。

　　因着这些利益—— 一种无比强大的驱动力，人们进一步认识到了从事这项伟大的冒险事业的好处。1612年，首次分配公司利润的行动才开始进行，为的是增加公司的资本金。接下来，管理者宣布，将57.5%的红利发放给股东。不过，1613年的红利率却下降为42.5%。然而，股东在收回全部投资之余，依然享受到了投资带给自己的巨大收益。

　　东印度公司慢慢发展成一个规模庞大的企业，甚至连被称为世界上最优秀、最出色的著名企业都无法望其项背。东印度公司每年都会制造出新的轮船，而这些巨轮每年都会为股东从海外带回新的财富。

---

① 这里以及后面的"镑"都指佛莱芒镑。

股东之间获得了分配的利润，这是从公司的经营中获取的巨额收入，或者，可以称之为，按规定作为费用的开支（有时候，红利是以本票支付的，或用现金支付，前提是董事会认可的话）。

自东印度公司成立，到我们如今谈话时为止，东印度公司已经派发了本金的1482.5%的红利，不过，公司的资本也早已经扩展到了最初的五倍了。人们用一棵树来比喻这座宝库——它差不多年年都会结果。而且，虽然有几年不结果，可是，在其他年份里，却如同乌拉巴①树一样，每年都会出产两到三次果实，它的手臂（枝干）是用黄金做的，叶子是用祖母绿做的。

在其他的人眼里，东印度公司就是"善良与邪恶之树"，就如同天堂中的那种树，它始终掌握着枝干上和自身利益密切相关的一切。不过，我已经意识到，它和生命之树非常像，原因是太多的人躺在树荫下求生存。那些想要收获果实的人，必然反对将这棵大树的根须拔起……任何一个人都会承认，东印度公司表现得非常优秀。

哲学家：我想，对东印度公司，其股票、其宗旨、其声望、其辉煌、其独创性、其进步、其管理方式、其利润分配方式，以及其稳定性的含义，我已经了解了。不过，和你所说的神秘的事业、诡计、困难、风险，以及其他那些令我为之狂喜、困惑的夸张的表达方式之间，存在着怎样的联系呢？

股东：对我而言，我所从事的行业，是一个相当神秘的事业。虽然它是全欧洲最公平也最高尚的事业，不过，它同时又可以称为世界上最虚伪、最臭名昭著的事业了。若一个人可以意识到，此行业已经

———————

① 乌拉巴是哥伦比亚的一个省。

必然地转化为一种游戏，那么（涉及此行业的）商人们也已经变成了投机者，如此一来，我们就可以理解这个自相矛盾的陈述所具有的真实性了。

若商人唯一的结果就是变成投机者，那么，就危害本身而言，倒是可以忍受的。不过，更糟糕的是，一部分股票经纪人已经成了以赌牌骗钱为生的骗子，虽然他们对诡计十分在行，他们还是为此丧失了太多！

为了对这一事实进行更好的理解，我们理应意识到的是，在股票交易所里，人们被分成三种不同的阶层与类型。第一阶层就是这个行业里的权贵，第二阶层是商人，第三阶层是投机者。

大金融家和大资本家每年都可凭借个人继承的，或个人用钱购买的股份，享受到丰厚的红利报偿。对他们而言，股票价格的涨跌起伏，并不会引起他们的注意，其兴趣在于因红利而获得的收益，而非出售股票获得的利润。在他们看来，更高的股票价格，仅仅是一种虚幻的享受罢了。他们认为，自己的确可以借助这种波动而获得一个高价，如果他们愿意出售股票的话。

作为第二个阶层的构成人员，那些购买了一份股份（500佛莱芒镑），并以自己的名义转让、过户的商人（他们盼望着从印度传来的好消息或从欧洲传来的和平协议），其愿望一旦获得实现，那么，当股票价格上涨的时候，他们就会将手中的股票迅速抛掉。

当然，他们或许会现货买入股票，当价格再度上涨时，他们再尽快将这些股票出手，为的是在晚些时候就进行交割（换句话说，在那一天一个更高的报价已经出现过了）。他们这样做的原因是，担心政治或经济环境的变化，或担心不利消息传来。他们对自己当下的（暂时性的）投资获取的（不管大小的）收益相当满意。他们同样重视自己承担的风险与获得的收益。他们宁可自己赚得少一些，只要那微小的利润能够得到（相对的）保证。若他们所承担的风险仅局限于清偿此份远期合约中的另一方，若他们除了那些不可预见的事件之外，无须挂心其他事，就很愿意接受这份不算优渥的收益。

作为第三阶层的投机者与赌徒，他们尽力完全依靠自己的力量来决定收益规模的大小，为了实现这一目的，他们推动着财富之轮。啊，这是怎样的双重自营商呀！这些阴谋家们创造了一种怎样的生活秩序呀！与他们的计划相比，克里特的迷宫也不比其计划更复杂……

他们购买1股或者20股（后者一般也被称为一个"大单位"）。在每个月的20号（也就是交割日）来临时，他们面对的是三种可能的清算方式：一种是出售股票，并且按照购买价格获得相应的盈利与亏损；一种是把股份以其价值的五分之四充当担保（纵然是最有钱的人这么做也不会有信誉危机）；一种就是购买者将股份转到自己的名下，并借助于银行支付价格让自己获得收益——可以这样做的仅限于财大气粗者，因为这么一笔大额股份，其价值就已是达克特（古时流通于欧洲各国的金币）的百倍之多。

当清算日接近时，若无购买者接受这些股份，而它们又未被用作抵押担保，那么，它们就必须被出售。那些专门针对价格下降进行投机的人（也就是空头），非常明白这种压力，他们会不遗余力地制造价格的突然下跌，从而让这些股份以低于购买价的价格销售（这样一来，就某些投机者来说，就会面临相当严重的困难）……

那些身陷困境的人（当然是不道德的人）中，有一些人清楚，怎样可以让自己摆脱困境。于是，他们就主张：购买者无义务支付那笔购买的款项，这是因为我在购买之中遭受了损失，所以，我无义务付钱。

哲学家：真是让人害怕的愚昧，前所未有的疯狂，让人害怕的愚蠢行径！

你断定投机者无义务支付其购买股份的款项，不过，我却无法理解不承担此项义务的理由。我怀疑，他是否应该向如同巴托罗斯或者巴尔达斯①这样的大法官求助。

股东：这正是整个证券业的关键点和本质。纵然是泰勒斯（古希腊思想家、科学家、哲学家）也无法理解如此复杂的事物，而从你们那些"苏格拉底"那里，我们得到的唯一真理是：我们一无所知。

所以，我告诉你，雅典的立法家并非唯一的优秀的立法者。弗雷德里克·亨利，作为奥兰治-拿骚法院中一颗光芒灿烂的明星，（为了明智的动机）曾颁布了一项法令。依照此项法令，一个人若不把股份记录在定期账户上，就将其卖掉，并且约定在未来交割的话，他将会遭遇以下的危险（原因是他出售了不属于自己的东西）：到了约定时间，购买者就会拒绝接受其所出售的股份。

当投机者借助这种求偿权（它被称为"诉诸弗雷德里克"）寻求保护的时候，风暴就得以平息，而攻击也得以停止，破坏当然也就随之烟消云散了……

在股票市场这个深邃而危险的汪洋大海之中，此类操纵手段经常发生。此时，游泳者在小心地计算着自己的脖子是否会被水淹到，否则的话，他们如能死里逃生，侥幸活命，就算谢天谢地了。所以，他

---

① 巴托罗斯（？—1329）和他的门徒巴尔达斯是14世纪非常重要的法官，在17世纪仍然享有极高的声誉。

们果断地、理直气壮地将自己可以抓到的最好的救命稻草（"诉诸弗雷德里克"）紧紧抓住，并且理直气壮地声称，游泳的艺术就是坚持回避危险（而最让人感觉好笑的事情是，有时候，事情过去还不到6个月的时间，那些在交易中吃了亏，被别人赚了不少钱的人就好了伤疤忘了痛，又和上次让自己吃亏的人做起了交易）。

他们在交易中输了钱，而他们却得以建立起了从事新业务、新交易的信用，并且，为其进一步损失更多的金钱做了铺垫。当损失发生时，人们希望，损失者最少能够付出手中可以拿出的金额；并且，人们也许会盼望，考虑到其伤口还在流血，他们理应避开遭受新的创伤的可能性。虽然那句众所皆知的"一发不可收……"①的谚语说明了这种选择是不明智的，不过，人类的情绪与冲动具有更大的力量。因此，不管人们运用何种办法，他们必定会承受不住犯罪和诱惑的吸引。

我并不是说，这种冲动之举十分普遍（此种举动指的是"诉请弗雷德里克"，以及接下来更多的投机行为）。有太多的人只是在走投无路的情况下，才会向这条法令（此法令宣称，卖空合约不具备法律效力）求助，我所说的"走投无路"，仅指那些在操作之中发生了无法预见的损失的人。其他的人则是在倾家荡产，将家里最后一件值钱的东西卖掉之后，才慢慢将自己的债务还清，从而履行了自己的义务，勇敢地面对不幸带来的巨大的打击。

可是，我也认识一位奇怪的朋友，他来回地在屋子里踱步，为了抚平自己的损失与创伤。他并不像伊莱亚斯那样，想唤醒死者的亡

---

① 西班牙谚语：一个人一旦做了某件事，只要他做了第一次，以后就会一直做下去，并形成习惯。

灵，而是为了将世间的生者埋葬。在完成了半个小时此类独白之后，他连续发出五六声叹息，很大一部分是一种解脱感，而非失望之情。当人们问他如此反应的原因时（我要强调的是，他欠了债主一大笔债，而且还对债主做出了某种承诺），他的答案是："正好相反，就在此刻，我已经决心一分钱也不付了，对我而言，比起我的信用和名誉，我心绪的平和以及我个人的利益更加重要。"

请您相信，当我听到这个故事，和那个违反常理、出人意料之外的解决之道时，我忍不住捧腹大笑，笑得眼泪都流了出来。不过，实际上，有太多的人虽身处险境，却还睡得安安稳稳。纵然亚当还清楚地知道，赤身裸体是可耻的。不过，在股票交易所里，为了保住自己的金钱而损害债权人的利益，有的人一点儿也不觉得是可耻的。

哲学家： 虽然我有我个人的天然倾向，不过，我还是得承认，我会在（交易所里）试试自己的运气，倘若我不被那三重巨大的障碍阻止的话。

第一重障碍：我对自己是否能安然乘坐这样一种危险之船表示怀疑，于它而言，每一阵风都代表着风暴，而每一朵浪花都代表着船毁人亡。

第二重障碍：除非我轻率地丢弃自己的名誉，否则，我就不能依靠个人资本而获得盈利。不过，我将会感受到屈辱……若无财富作为补偿的话，这种想法就是虚无缥缈的，仅仅是疯子的做法。

第三重障碍：对我而言，一位哲学家不值得倾尽全力去做这种行业。并且，进一步说，因为每个人都清楚我们当下的环境是多么低下与卑劣，因此，我得不到任何人的信任，他们不会信任我的人格（原因是他们会发现，我竟然无法支付自己账上的股票钱）；无人愿意把钱借给我，除非我的人格如同《狄俄尼索斯故事》中的阿斯卡拉皮尔斯（古希腊神话里的医神，专司医疗及医药）一般让人信任……

股东： 我都无须请教专业人士，就可以打消你的顾虑……第一重危险是不值得怀疑的，因为（我可以告诉你）轮船处在绳索的保护下，所以不至于倾覆、沉没；轮船有铁锚定位，因此，它们可以在风暴中安然无恙。如果你不支付"保险费"，那么，你所承担的风险就是无限的，而收益则或许低得无法想象。

由于这些小心翼翼的安全措施，第二障碍也是可以避免的。纵然你没能通过第一次的"期权"获得任何收益，你也无须以自己的信用去冒险，无须让自己的名誉受到威胁，若你继续在未来的日子里支付"保险费"的话，通常的情况下，你一直有机会在倾家荡产之前遇到一件让你称心如意的事情，而那件事情将会在几年之内让股票价格维持稳定——因为你签订合约是为了支付"保险费"，而"保险费"的支付者会因自己的慷慨大方、远见卓识而赢得声誉。

你不断地将合约的到期日延长，并且，不断购入新的合约，以至于到时候你手中的1份期权合约变成了10份期权合约，而你的事业也将会拥有一个美好而简单的结局。

若你（由始至终）在运作中霉运连连，人们就会认为你太优柔寡断，那么，你应当利用（直截了当的）赌博弥补这个"保险金"事业的缺陷。因为这一过程已经成为一种通用的惯例，所以，你将会找到一个为你提供信用的人（在困难的情况下让你得到支持，令你无须借助非法手段就能取得胜利）。

第三个障碍就是——一位哲学家不适宜做投机生意，这个障碍一定不会影响你的判断——股票交易所就如同埃及神庙一样，在那里，万事万物都理应受到人们的供奉，得到人们的膜拜。没错，在赫拉克勒斯（希腊神话里著名的大力士）神庙里，的确不存在苍蝇[①]；不过，在股票交易所里，却有众多人企图借赫拉克勒斯式的神力，捕获金钱之蝇。

为了达到这个目的，众多投机者到处撒播谣言，布下一层层肉眼无法看到的天罗地网……

倘若让我（更进一步地）对"期权"加以解释的话，我要说，通过支付"保险费"（也就是期权费），人们付出一部分代价，使自己的股票处于安全状态，或保障自己的利润。当人们处于利益攸关的关键时刻时，通过期权可以完成一次愉快的远航；而在风暴来临的时候，又要借助于期权，为自己提供保障安全的"铁锚"。

如今，股份的价格是580镑，（假设）对我来说，股份的价格还会持续上涨，最终到达一个高得多的价位。原因是人们能够预期，会有更多的货船载回印度出产的丰富、珍贵的物产，东印度公司的生意会更加兴旺发达、欣欣向荣，公司的商品信誉相当好，发放的红利十分优厚，欧洲的局势一片大好……

虽则如此，我还是不打算购买东印度公司的股份，因为我担心自己的计算一旦被证明是不正确的，我就会遭受损失，并会遭遇到尴尬、难堪的事情。所以，我向那些愿意出售期权的人求助，问其在未来的某一天，他们承担着以每股600镑的价格交割股份的义务时，他们会要价多少。

我和他们就期权费的问题达成了协议，然后，马上通过银行将期

---

① 作者在这里又耍开了文字游戏，因为西班牙语里的"mosca"意思有两种，一种是指"苍蝇"，另一种则指的是"金钱"。

权费转到期权卖家的账户上，此时，我就可以高枕无忧了——相比期权费，我不可能损失得更多。而且，一旦股份的价格上涨，只要超过了每股600镑，我还能安稳地把这么多盈利放进自己的腰包。

然而，若股份的价格不涨反跌，此时我也无须担惊受怕，更无须担心自己的名誉受损，无须担心恐惧对自己的困扰，让自己的心绪始终保持宁静、平和；若股份的价格在每股600镑左右徘徊不定，我（也可以）改变主意，坦承公司的前景并不像自己原来想象的那么辉煌。

（如今，我可以做两件事情，并从中选择一件）我（可以提前）将股份抛出却无须承担任何风险，于是，对我来说，股份价格的下降意味着利润。（我也可以买入另一份期权合约）接受期权费的人有义务以商定的价格交割股票，而股票价格的上涨将让我获得丰厚的利润，而我所损失的仅仅是红利罢了。

所以，如今的我可以从相反的方向做一笔一样的买卖，若我认为股票的价格会出现下跌趋势，那么，我现在就可以支付一笔期权费，以之购买以特定的价格出售股票的权利……

在此期间，我还可以抵补自己的头寸，一般情况下，我会紧紧把握趋势的变化，漂亮地进行多笔套利买卖，而非傻呆呆地等候那份属于自己的运气的到来。

不过，在决定了的未来的某一天，接受期权费的人才能彻底拥有这笔"保险费"。当然，他同样也承担着风险，在期权费未进入他的腰包时，他每天都会处于忐忑不安中。

荷兰人称期权业务为"Opsies"，这一术语源自拉丁语"Optio"，意思是"选择"，原因是期权费的支付者有权选择向期权费的接受者出售股份，或（相应地）要求期权费的接受者将股份提供给自己。

此处针这个词的词源加以说明，是由于期权费的支付者总是希望选择对自己最有利的事情……

第二段对话

交易——跟风买进卖出，还是见好就收

股东： 为了不让您得出股票交易无法解释、不确定、不可靠的结论，我提请您注意并认识到，在交易中，影响价格上涨和下跌的三个动因，这是十分必要的——那就是印度的情况、欧洲的政治以及对股票交易所本身的看法。就最后一个因素来说，新闻（之类的东西）常常不存在任何价值，原因是相互抵消、对抗的力量（或许）是向相反的方向起作用的，这就令其合力为零。

若聪明的投机者非常热切地和印度方面保持联系，并通过英国的阿勒颇以及其他途径了解那里的局势是否安全，东印度公司的业务是否进展顺利，其在日本、波斯、中国的经营情况是否让人乐观，是否有许多远洋船只正在返航，船上的载货量是否充分，尤其是香料的载运量是否足够大，等等。事实证明，虽然存在困难，关于此类问题的信息还是能获得的。

然而，纵然一个人获得了此类资料，若其盲目地相信此类信息，并据此进行投机，那就太过鲁莽了。这是由于，若投机者在从事投机行为时，超越了自己的财力承受能力，把塞内加（古罗马著名哲学

家）的那句"适可而止，量力而行"的忠告抛到九霄云外，必然会背上沉重的包袱，最终一败涂地——这个世界也会从其肩头坠落——他毕竟不是大力神再世。

纵然假定这些消息都是准确、真实的（你仅能试着通过私人信件获取此类信息），你也及时得到了信息，满载货物的航船马上就要靠岸了。可是，在你得到好消息之前，却发生了一件很不幸的事件，在（东印度公司）尚未对业务做出结论之前，原来的美好憧憬就会因为这一坏消息而遭到破坏，你的期待也将变成沮丧——轮船极可能在海港附近沉没，你的希望立时化为了泡影。

不过，即便和印度方面有关的一切都是利好消息，人们也还必须对欧洲的情况有所了解：当下，是否存在重整海军装备的不稳定因素？欧洲各国是否更重视某种联合，是否存在其他的（类似战争的）行动？它们是否会导致东印度公司的股票下跌？

所以，我们看到，在诸多情况下，有一部分投机者只通过分析印度方面的消息，就买入东印度公司的股票，而有些人则可以根据尚未发生的欧洲局势，就将其持有的股票抛出。在后一种情况下，显然消除了通过进口获取（利润客观的）回报的可能性。而另一方面，伴随着税收的增加，（在欧洲）成本也增加了，即使你有着探询权贵们最深藏不露的意图的好办法，投机者的行为却已发生了变化，他们的决定也变得含糊起来……

在交易业务中发生的困难，以及令人惊惧的事件，使我们得到了一些经验总结……

（投机中的）第一条原则就是：不要建议任何人买进、卖出股票——一旦你的眼光发生问题，那么，纵然是最有利的建议，也可能会变成馊主意。

第二条原则是：见好就收，确保当下的利润，千万不要因为错过的利润而伤感——与你的想象相比，鳗鱼逃跑的速度更快。对于可能得到的，尽量接受，别奢望有利的形势会持久地延续，也别奢求自己始终是最幸运的那一个——这是一种更为明智的态度。

第三条原则：交易所里的利润，就像恶作剧的妖怪们的财富——它们时而是红榴石，时而变为煤炭，时而成为钻石，时而又变成了燧石，没一会儿就变成了清晨的露水，而接下来又化作了泪珠。

第四条原则：无论任何人，若想成为游戏中的赢家，都一定要具备耐心和资金实力——股票的价值差不多总是处于动摇不定之中，而市场上的流言也几乎总有一定的依据。

面对不幸所带来的疾风骤雨时，一个人应做到面不改色心不跳，丝毫不畏缩、怯懦，就如同那面对闪电发出勇敢咆哮的雄狮一样，而非如同雌鹿一样，才听到雷声就吓得逃之夭夭。

有一点是毋庸置疑的——只有心中永存希望的人，才可能获胜。而且，你还必须在拟订计划的阶段，就保证自己的资金运作不出纰漏。许多人都是因为情况的发展、形势的变迁，而最终落了个遭人耻笑的下场，原因无他，就是由于这些投机者在行动的时候依据自己的梦想，有的依据自己的预感，而另外一些人则依据自己的幻觉，有的人则依据自己的情绪与心境，而无数的人更是依据自己的妄想进行操作。

商人：和这些诈骗有关联的人（看起来），就像那些相信自己体内有一个内在的神灵，可以借助神灵获得启迪和建议的英国教友派教徒一样。（依据你的描述）这些股票交易所里的"居民"，其实非常愚蠢，没有定性，他们利令智昏，骄傲自大，蠢笨不堪。

他们会在无任何依据的情况下，无理由地卖出；他们也会无任何依据的情况下，无理由地买进。他们会在自己不具备（优点或）缺陷的情况下，发现何为正确，何为错误。他们会设想，有神在劝说他，不过这个神灵（看起来）时而是骗人的亚伯（《圣经》中的人物，亚当与夏娃之子）的灵魂，时而是暴躁易怒的索尔（古北欧神话中掌管战争与农业的神，也称雷神）的灵魂。

股东： 你的推测是相当正确的，一个投机者在梦中看到了尼布甲尼撒二世（巴比伦国王，耶路撒冷的征服者）的塑像，于是乎，他马上将手中所有的股份都抛掉了。据他自己解释，这是因为他在梦中看到有人将一颗卵石投向尼布甲尼撒二世的塑像，所以，东印度公司将在和中国的贸易中遭受损失；伴随着从印度返航的船只的到来，一定会发生一场股市大崩溃……

（另一位）投机者走进了交易所大厅，他感到满头雾水，不清楚何种思想在误导自己，也不清楚何种想法是正确的。此时，他突然产生了灵感，大叫了一声"Vende los kirios"①（这是股票交易所里的一个术语，无人清楚它到底是何意）。他在无知无觉的情况下做了这个决定，几乎是丧失了仅有的理性。

接下来，另一个"斗牛士"出场了，他急着想让自己保持镇静。他犹豫不决，不清楚如何做才能最好地保证盈利。他反复咬着自己的指甲，撕扯着自己的指头，紧闭着双眼。他一边踱步，一边自言自语，一句话至少要反复说上四遍。他将手放到面颊上，如同患牙痛一般。他摆出一副深思熟虑的表情，然后用指头刮了刮眉毛。而与以上

---

① 荷兰语版本为 Verkoop de kirien。

变化多端的表情与动作相伴随的，是一阵神秘的咳嗽声，仿佛他要尽力甩开操纵命运之手一样。

突然，他冲进人群，以粗暴、狂野的动作打着手势。他一边打着响亮的榧子，一边用另一只手做着一种傲慢的手势。他开始进行股票交易的时候，就如同它们并非股票，而是牛奶蛋糊一样。他在购买的时候，无任何节制①，所秉持的原则就是尽可能多地买入。他在购买这些无意间出现在眼前的股票时，没有任何动机或根据，仅由于他听到了胜利的号角声。

当他希望扭转形势，让其向着于己有利的方向改变时，他会对股票交易所形成特殊的影响——那里的人们确信，他脑海中的号角声可能令他做傻事，有时候也或许让他做些聪明事。

又一位投机者走进了人群，看上去，他似乎是个冷静非凡之人。突然，他兴奋起来，无所顾忌地大量抛出自己的股票——没别的理由，只是由于他用手指捏着自己的衣扣计数，结果发现，纽扣的数字并非偶数。若他赢了，他会认为衣服上所有的纽扣都是玫瑰花苞；若其输了，他会以为所有的纽扣都是荆棘刺条。

对于这些过火的情况，投机者们诉诸更多的保护措施。在某些方面而言，他们是相当聪明的：当股票价格表现出明显的下降趋势，却突然上涨时，他们始终可以为自己找到诸多的理由；而股票正在上涨期间，却突然下跌时，他们也可以为自己列举出诸多的原因。

借助于"antiperistasis"②，学者们认识到，对立面始终拥有更加强

---

① 意即纸牌作弊高手的用语。

② 希腊语，含义是"反作用"（counteraction）。

大的力量。当空气和火苗搏斗时，必定会迸出耀眼夺目的火花，而那火花所具有的热量更大——投机者担心事情的结果和他们预期的相反，因此，为了获得成功，他们会付出更大的努力。

有时候，股票价格也会表现出一种平静的状态，交易所不被利好消息所影响，也不为利空消息所困扰……突然，出现了一朵乌云，一场风暴马上就要到来。出售股票的人为此高兴极了，他们开始商讨当下形势的不确定性以及灾难的可能性。

然而，多头旋风般地将股票价格快速推高，令马上就要泛滥的洪水得到拦阻，一点儿也不在乎人们对其智慧和能力的指责——他们就好像埃涅阿斯一样，在冥府的入口处遇到了一群哈尔皮埃（鹰身女妖）。不过，埃涅阿斯无所畏惧，勇敢地挥舞着长剑，一点儿也不让自己的勇气受到焦虑的麻痹。

冲突还在延续，直到最后，相比于混战发生之前，股票的价格变得更高——那些丝毫不怀疑有阴谋存在的交易者，从未料到多、空双方之间的斗争，还是按照他们常规的、无波无澜的规则进行操作。随即，他们被这场投机风暴吓得目瞪口呆——他们把所有的精力都投入到股市中，结果发现，自己得到的不过是一个微小的头寸。于是，原本是障碍的东西，如今却成了令人庆幸的事情，而原本必定要将购买股票的多头打入绝境的力量，却成为一种鼓舞多头士气的因素。

虽然存在着荒唐、混乱、疯狂以及对利润的怀疑和不确定，不过，人们还是有办法觉察那些有影响力的大人物持有的政治观点，或者他们对证券业的看法。这样的人会有意识地观察这些变化，以之作为自己的事业，他不存在盲目的热情，也没有令人气愤的固执。凭着这种素质，他经常能发现正确的事物，虽然并非每一次都准确无误。

可是，在对观察做总结的时候，他也会发现，任何透彻的观察都无法让股市游戏神圣化，并且，其中也不存任何科学性。

既然当趋势不好的时候，有钱人都在寻找着相反的作用力，所以，利空的消息也无须被看成是致命的打击。

特别值得一提的是，在这种地狱般的豪赌中，有两种典型的投机者，他们之间是如此势不两立，以至于他们在决策中也会处于互相对立、正好相反的形势，就如同他们在各自的命运中也彼此对立一样。

多头就属于第一类人。他们的运作方式是以购买股票开始的，就仿佛他们是国家、政府以及东印度公司的情人一样。他们始终盼着股票价格上涨。他们希望因为受到利好消息的刺激，市场会猛然之间向上攀升，而股票价格也会随之迅速上涨。

空头则属于第二类人。在开始操作时，一般情况下空头首先要做的就是卖出。他们当中的有些人，为了财富不择手段，宁愿成为国家公敌也在所不惜。人们必须像躲避瘟疫一样，来逃避这些空头的魔爪。一般情况下，人们只在极特殊的情况下，才会选择与空头相同的立场。

例如，若你不马上做决断，赶紧抓住稍纵即逝的时机，就会让这个宝贵的机会从身边翩然飞走；若你不马上将其放进钱包里"落袋为安"，财富也会从你的手中逃走。

多头就好像长颈鹿一样，对所有的事物都持着淡然处之的态度，他们这种人绝不会被吓倒；多头也好像小说中描述的魔术师一样，在他给你看的镜子里，相比于现实世界，女士们都会变得异常美丽。他们热爱万事万物，他们赞美万事万物，他们倾尽全部的力量去夸大所有的事物。

在古代的一次战役中，比亚斯欺骗阿尔雅特人的大使，向他展示一堆堆表面上覆盖着小麦的沙山，令其误以为，如此富庶的一个城邦必不会因粮草枯竭而投降。与之相似，多头们也持同样的做法。他们要让公众确信，他们的举动就代表着财富。当他们受到毒蛇袭击时，他们如同善于驯蛇的印度人一样，将其视为精致而美味的食物……他们不会因火焰而退缩，也不会因为彻底的失败而倒下……

相反，空头会被恐惧、胆怯和紧张彻底控制住。在空头的眼里，野兔变为了大象，帐篷里喧闹的宴会变为了造反闹事，灰暗的阴影就是混乱来临的前兆。不过，倘若有人计划把非洲的绵羊当驴使，甚至有人计划用阉羊当马骑，那么，在空头看来，所有的侏儒都可能像巨人一样庞大，这真的没必要大惊小怪……

普林尼在《自然史》中说，赫提奥提斯这个地方有两口井，分别叫沙伦和米兰。若绵羊喝了沙伦井里的水，就会变成白色；若绵羊喝了米兰井里的水，就会变成黑色。它们要是不仅喝了沙伦井里的水，还喝了米兰井里的水，其色彩就会变得绚烂缤纷，十分有意思，也很赏心悦目。

你希望自己事业有成，就无须一直喝"多头"井里的水，因为你不会因"变白"而获得更多的好处；不过，你也无须一直喝"空头"井里的水，因为你不会因变得如乌鸦一样黑而获得更多的利益……总之，你既不要一直做多头，也不要一直做空头，而应该从自然的、本质的趋势出发，始终投机于上涨，偶尔投机于下跌——经验证明，多头常常是胜利者，而空头经常是失败者。

东印度公司就如同一棵（神话中的）不死树，当其旧枝被砍断时，它会出人意料地（迅速地）发出新枝。所以，（永远）不需要为担心其运作寻找理由，它会凭借新的发展与革新，迅速征服困难与阻碍。所以，你要做的，就是遵循这些指示，一步一步踏踏实实地迈进，如此，自己的前途将会光明一片，不管你的行为是诚实的还是虚伪的。

若你的目的不纯粹，那么，当形势变得于己不利时，就要求助于弗雷德里克·亨利的法令。一位诚实的购买者不但能接受交割股票，也能将之进行抵押。而交易中的利润（最终）几乎是确定的，以至于只有在面临一场激烈的战争（希望上帝可以将其阻止）时，操作才会处于危险境地，并让我们感到恐惧。

你务必要小心留意各种各样的波动，并且依照趋势调整自己的走向。从形式上看，股票交易所被20位投机者控制着，纵然是最微不足道的变化也能影响股票行情。因为人们的某种忧虑，股票价格下跌了30%；因为出现了一封密信，股票价格又下跌了50%……

如今，投机者和商人（商人玩这场游戏的目的仅是娱乐，而非贪婪，这一点很容易就能区别出来）同样多，他们因为那些不正确、不必要的恐慌，饱尝了痛苦忧患。正因如此，每个人都将自己的股票视若珍宝，于是，当真实的损失发生时，他们会发现，世界上再也找不到比这更痛苦的事情了。

然而，若对一种单纯的威胁感到恐惧，那就意味着双倍的苦痛——事实发生前的一次，事实发生后的一次……

太多人因为股票的高价而被吸引了注意力，他们还不习惯股票处于这么高的价位。不过，理性的人并不为此而感到担忧，因为东印度公司的头寸每一天都发生着更加炫目的变化，而荷兰这个国家，也因此变得更加富裕、丰饶，得自固定利率投资的收益不断减少——想找到投资的渠道已变得很困难。

正常贷款的利率每年仅3%。若借贷者收取担保品的话，那么，年收益率就仅为2.5%——纵然是最富有的人，也只好选择入市购买股票。当股票价格下跌的时候，有人甚至都不打算抛售投票，就是为了避免损失。不过，当股票价格上涨时，他们同样不会将股票抛出（为的是保护自己的既得收益），原因是他们不清楚除了股票之外，他们还可以找到何种投资渠道，能确保他们收回本金。

此外，在股市中，他们可以以最迅速的方式赎回自己的资金——在（股票交易所）行情保持活跃状态的情况下，人们始终能够掌控自己的资金。

可以快速出售变现的可能性，以下面的方式大大增加了股票的价值——相于其他交易所，阿姆斯特丹交易所里，东印度公司股票的要价要高得多。①这种情况发生的原因，就在于在这些省份的其他地区，投机活动均不存在。

对于阿姆斯特丹交易所来说，除了费用较少之外，股票的红利均与外省的商会相同。不过，相比于阿姆斯特丹商会，泽兰商会的东印度公司股份报价要低150%，英克胡森商会的报价要低80%，霍恩商会的报价要低75%，鹿特丹商会的报价要低30%，德尔夫特商会的报价要低70%。

（阿姆斯特丹股票）变幻莫测的价格，根本不遵循莫林河的流向——从西向东奔流两个星期，再从东向西奔流两个星期。多变的股

---

① 居住在荷兰的若干城市的股东组成了所谓"会所"，并且通过选举官员的方式来参与东印度公司的管理。在一个会所里出现的股份，不能够被转移过户给另一个会所的成员。

票价格与波斯井也毫无共通之处（据说那儿的井水三十年一涨，三十
年一落）。股票价格的下跌未必存在一个限度，同样，股票价格上涨
的可能性也是无限的。

一位商人在果阿买到了一颗价值难以估量的钻石，将其由印度带
到欧洲时，法兰西国王大声斥责他："你怎能甘冒奇险把自己的全部
身家都放在这颗石头上呢？"

这位商人相当礼貌而明智地回答："我仅是时刻将陛下您牢记于
心罢了。"

所以，过分高昂的价格无须让你担惊受怕。世上始终存在着对股
票痴迷不已的权贵和国王。你理应清醒地认识到以下事实：人数的多
少和投机者的多少是成正比的；你手中急于出手的股票，必定会有人
急于购买，并乐于接下这烫手山芋……

就对交易所的影响而言，对于一个事件的期望远大于此事件本
身。当人们预感将会分配到丰厚的红利时，或者当人们对大量进口品
的到来充满期待时，东印度公司股票的价格就会上涨。然而，若这种
期待成了现实，股票的价格一般都会下降——令人欣喜的进展和对幸
运的欢呼，统统都被人们抛到九霄云外了。

这个现象有其存在的天然理由。不管怎样，若情况紧急，空头一
般会忧心忡忡，自身并不敢轻易尝试。与此同时，多头则对业务状态
持乐观态度。对他们来说，这些事情始终是让人感到高兴的。他们的
态度昂扬，充满了（相当确定的）信心，不会因为那些不太有利的消
息而造成任何困扰，更别提紧张、焦虑了。不过，一旦宣布船只到
达，或准备发放红利，空头们就得到了新的勇气。他们推测，买家
（也就是多头）在几个月之内都别指望发生什么利好消息了。

树叶会因为最轻柔的微风而颤动，人们则会因为最微小的阴影而恐慌——股票价格随即下跌——它一面受到一方的攻击，同时又被另一方所抛弃。在这两种力量的共同作用下，股票价格唯一的结果就是下跌。聪明人借助于娴熟的技巧，巧妙地利用命运赋予其的优越条件。

若发生了突然的变故，（投机者）几乎难以脱身。当身处巨大的困难中时，他们能够做的，就是尽力保全自己的股本，从而得以全身而退，那已然是不幸中的大幸了……

商人：从你的描述之中，我得出了如下结论：股票交易所里使用的语言，并不是精雕细琢的。我注意到，交易所里的语言，其实是在希腊语的基础上融合了阿拉伯语的元素。纵然是最有经验、阅历最丰富的人，也得在一本新字典的帮助下，才能让自己弄清楚意思……

此处的术语和词组，就仿佛是上帝的语言一样难以理解。当我在股票交易所里听到诸多语言的混合体时，听到诸多声音混杂在一起的喧嚣时，我当真以为自己身处巴比伦塔（《圣经》中因为人们的语言混乱而未建成的通天塔）中。

有时候，他们使用如"期权"这样的拉丁词，有时候他们却用如"蝴蝶"这样的荷兰语，而有时候他们又用如"盈余"这样的法语词。

股东：对于交易所里语言的杂乱无章，我不需要承担任何责任。之所以会产生如此众多的行话俚语，是由于生意的需要。接下来，它们就成为一种惯例，并且，实践证明它们是可行的。

哲学家：让我们再回到股票交易所的惯例上来吧。我有一个问题。你曾提到，因为那些出人意料的消息，那些认为有利可图的人就开始购买股票，而其他那些认为无利可图的人，则开始出售股票。对于初学者或者怀疑者来说，和购买者交谈并且和出售者交流，对其观点和理由进行反复权衡，努力去学习最有利的经验，（从而）进行最稳妥的操作，实在是极明智之举。

不过，这种看法却和社会公认的行为准则相抵触。我想问一句，投机者是否应当将其不传之秘告诉我呢？或者说，投机是否可以建立在对此类交流的希冀之上？当你本人眼看着一个发财致富的机会于转瞬之间消失不见，还去浪费时间和他人交谈，又怎么会是合乎情理的呢？

在你解答这一问题之前，请容我再说出一点儿意见。例如，看起来，"当空头做空的理由已经不存在之后，空头理应抛售"，是与哲学不相符的——我们受到的哲学教育是，当原因不存在的时候，其影响也会不存在。不过，若空头继续固执地不断抛售，那么，也就是说，纵然在原因消失后，其作用仍然存在。

此外，尽管从哲学上说，不同作用源于不同的原因，不过，在股票交易中，有人买，有人卖，所以，此处的一个原因，也就具有了不同的作用……

不过，（在股票交易中）还存在其他一些活动……我的哲学理念与这些活动并行不悖。其中的一项活动就是，多头对空头的进攻采取异常顽强的抵抗。对此，你已经做了十分精彩的描述。结果就是，即便处于极大的危险之中，股票价格还是在上涨……

我对此并不感到奇怪，双方在交锋的时候，会诉诸语言，甚至是拳打脚踢。他们还会绞尽脑汁，以自己的财产为赌注来冒险一搏……既然如此，我认为，我不应惊讶于有的投机者会认为某一条新闻有利可图，而其他的投机者则会认为同一条新闻是利空的现象。所谓"境由心造"，同样的事实会因为人的心境的不同，而发生不同的变化，在不同的人眼中就会存在不同的看法……

我赞同你建议大家少做交易这一观点，这与我的脾性十分投合。此外，哲人有言，"贪多嚼不烂"，所以，满足于有限的利润，其实是相当明智之举，纵然一个人没能获得任何（可能的）财富和优势，也无须惋惜。在股票交易所里，投机者将失败称为"脸上挨了一巴掌"。我认为，那些将自己明明白白地袒露在世人面前，从而让自己挨上这么一巴掌的人，必定是傻瓜……

最后，我要明确地告诉你，我一贯倾向于股票价格的上涨。虽然我也会和空头交谈，不过，他们始终是悲观主义者。我希望，自己在激烈的斗争中，能明智地不受任何偏见的影响。

股东：我决定用法语来翻译这些对话，让关于股票交易的知识得以普及，最终成为人人都懂的常识。因为到现在为止，从未有人写过与此有关的东西。我认识到，有很多以双关语为基础的段落，无法翻译成法文，所以，我认为，应当加上一些逸事和修饰语，以一种文雅、幽默的表现方式，将那些艰涩的知识和深刻的思想表达出来……

因为对交易所的冷嘲热讽（前提是它们不是恶意的），是导致这个行业如此吸引人的主要原因。因此，在对交易所的描述中提到诸多暗讽，并不是不合时宜。我并未计划发牢骚、说荒唐话。或者更加准确地说，我是在"无的放矢"，对着空气射箭——我的攻击并不会直接针对任何一个人，因此，我的箭也不可能伤害任何特定的目标。

我答应你们，要实事求是地对股票交易所进行描写。不过，假如缺少了对事实的抽象、精炼的再创造，我就无法做到真实的描述。当严厉的批评家们声称，摧残真相的是篡改它的人，而非掩盖它的人时，我请您相信，我一定不会隐瞒我所知道的纵然是最微不足道的细节。所以，我要虔诚地恪守自己的义务，但凡我认为这些事情是体面的。

第三段对话

心态——赌徒的亢奋还是职业人的乐趣

股东：在这个辉煌的世界大舞台上，在人们排演的众多戏剧中，最伟大的喜剧，就是在证券交易所完成的。在那里，投机家们以独特的方式斗智斗勇。他们在暗处从事交易，欺行霸市，争吵，挑衅，闲谈，费尽心机折腾捣鬼，欺骗世人，出卖朋友……甚至发生更多的悲剧。

在一首歌中，贺拉斯对一个愚人的甜蜜的梦倍加赞扬，他梦想自己经常身处一个美妙的剧场里，每一位演员都会取悦他，他因为剧情的起伏跌宕而欢乐兴奋。

相比喜剧，世上再没有比股票投资更具娱乐性的事情了——它可以把学者的天才充分体现出来。

经过如此比较，我们可以轻松地发现，事实上，喜剧《冲突之殿》的情节，竟然代表了整个证券交易所：

股市的多头者就是喜剧体现的"赚钱越多痛苦越大"，股市的空头者就是"野兽、闪电和岩石"，对股市漠然的平民就是"傻瓜的游戏"，技术高超的交易者就是喜剧体现的"只要荣誉不要命"，如同弗雷德里克这样的法学家们就是"名字的幸运与不幸"。幸运的投机商就是"愿圣子赐福给你",而不幸的投机商则是"命运的转折"。

最后,虽然我打算演出"奉献所有以及无所奉献",不过,我最终还是想让你来出演"刮目相看者"——我已将我所清楚的一切内幕,都对你一一道出了。①

哲学家:好吧,那么我打算演出《一夜之间》②,就在昨天夜里,我的平静的心绪被打破了,纠结在一起乱成一团,我的安定成为一种绝望,我的热情成为一种冷酷,我的学识变为愚昧,我的自尊变为自弃。我被一个投机商欺骗了,我的声誉被一个叛徒出卖了。

巧的是,我的一些同行把股票价格定在576镑——对于胆小者而言,价格过高了;对于冒险家而言,价格刚刚好。我的看法得到了大家的肯定,为此我兴致高昂。与此同时,我也清楚地记得,他人建议我买入股票等待上涨——我打算对那些热爱国家和公司的小集团给予支持,于是,我准备以586镑的价格买入股票,借此向空头展示我的态度——空头认为,这个国家很快就会灭亡。

我刚出完价,就由他人处得知,我得到了这只股票。交易所里人声熙攘,有大笑的,还有大叫的,交易者都可以容忍——与他人的渴望和焦急相比,我其实脸皮更厚——我不是一个傻瓜,但我心里充满了狂躁。

整整一夜我都无法入睡。好歹这一夜过去了,我还是一直想着,他们会从我的口袋里骗钱。一大早,我就询问我所买的股票的价格,

---

① 德·拉·维加可能在这里列举了一些当时流行的西班牙戏剧。

② 西班牙剧作家安东尼奥·考罗创作的一部戏剧。

我得到一个叫人目瞪口呆的通知——这只股票已跌到564镑，而且马上就会跌到520镑——当时的我没有倒地死去，甚至也没有头晕目眩，这可真算得上是一个奇迹。

商人：哎，我们还是把话题转移到"期权"上吧。由于我们的哲学家（朋友）受到怒气的驱使，我问一个商人，在10月份以580镑交割的期权价格有多高？其中一个家伙相当滑头地回答我，估计期权的相对价格大概是20个百分点，而非指定一个具体的、确定的绝对价格。

我的还价到15个百分点，他接受了。不过他又补充道，他会承担其中5个百分点的风险，算是给我的一种优惠。当时，我还郑重地感谢了他一番。不过，今天我得到通知说，期权价格至多也不会超过9个百分点。

虽然发生了这么多烦心事，我还是安慰自己，我不会像哲学家朋友那样从高处跌下来——我清楚，纵然我赔得再多，范围也仅仅是6个百分点以内，而我的哲学家（朋友）已经赔进了十几个百分点，而且还不清楚今后会跌到多惨，更不清楚这种状况会持续多长时间。①

股东：为了不让你过于自吹自擂，我打算告诉你，比起你来，哲学家会更早地摆脱恼怒的困境。在证券交易所，有个惯例（从前只是一种原则）不可违背——在交易中，若交易中的某一方犯了错，其交易价格的误差在交易平价的10%以内，他就无须为此承担责任。

在发生了突发事件的情况下，精明的交易商可按高于或低于平价

---

① 译注：哲学家为该股票支付了586镑，而市场价格只有576镑，所以他一开始就亏损了10镑。与此同时，商人本来可以按9个百分点的期权价格进行交割，但他却以15个百分点的期权价格交割，由于不知深浅他一下子就赔了6个百分点。

的价格来自定出价，借助这种方式，他们能吸引更多的买家和卖家。不过，一旦交易对方发现价格存在偏差，他们就会声明，虽然这么做未必有利。当发生出乎意料的新闻时，市场的反应或许千差万别，因此，将市场惯例和确定的规则引入股市操作中是很有必要的。

所以（哲学家）不但无须被迫以高于576镑的价格买入股票，而且他还可以拒绝执行交易。另外，由于这笔交易是他的首次交易，而且，依据一般常识也能清楚，他本身并不是商人，所以，他想拒绝履行这笔交易是很轻松的，这样就可以避免损失……

在证券交易所中，你会看到一种普遍的诚信和商誉，比方说，你已经卖了一笔股票，这时，突然得到一个意外的好消息，若继续持股会有可观的收益，不过，没有人会改变已做的决策，有时，纵然价格差异有50个百分点，交易商也能严守承诺。这样，虽然不存在作为中介和见证人的经纪人，交易商还是能够顺利完成大额交易，不会出现混乱和争吵……

这种诚信、合作和准确性，是十分令人钦佩和惊奇的。不过，假如为了履行支付义务（这种义务并未列入证券交易所的规则之中），并且这么做不会伤及信用，也不会降低信誉——这并非宽容和光明磊落，而是愚顽；这并非守时，而是浪费；这并非有勇气，而是堂·吉诃德式的愚蠢。

你可以把证券交易看成是赌博。一些玩家的行为就如同帝王——用尽心力，积蓄力量，集中智慧；而另一些玩家却不这样，他们有的在游戏开始之前就已丧失了信心和热情。

一位见证人在对交易所的运作进行了一番观察，并对其中的奥秘进行一番研究之后，认为证券交易所中的赌博就如同死亡一样，让所有人处于平等的地位……

我还想说的是，在股票市场中，20%的跌幅并不算大，也不会被认为是巨大的打击……你无须绝望，也无须哀叹自己的命运——股票或许会在一夜之间下跌20%，也或许会在一夜之间上涨50%……

（然而，一个人最好别轻易尝试股市投机。）梦想一个人能从交易泥潭中迅速脱身，是个天大的误会；设想你和其他投机商停止接触后能够恢复平静的心态，也是个天大的误会。若你被霉运一直紧抓着不放，被它驱赶到山林里，而那里狂风暴雨，猛兽遍布，你简直要被置于死地……

此外，若你认为，自己可以在证券交易所中尝到甜头后再撤出来，这也是一种相当无知的想法。一个人一旦进入如证券交易所这般惑人的圈子，就会永远处于亢奋状态，并从此身陷牢笼。实际上，将这牢门打开的钥匙就藏在大海深处，因此，你永远也别指望着能破门而出。

商人：我对您的一些想法持反对意见，不过先将其放在一边，我如今想请您对于"西方"和"东方"的含义做出解释。

股东："东方"和"西方"是荷兰语中的两个缩略语，也即我们提到的两家"公司"：东印度公司，其经营业务主要发生在东印度；另外，还有一个西印度公司，其活动领域主要在西印度。

西印度公司创立于1621年，所投入的资本金累计达到120—130吨黄金。因为其贸易量上升得相当快，所以，西印度公司的股票价格在极短的时间内就和东印度公司持平了。彼时，西印度公司的股票可是很稀罕的宝贝。不过如今，时运发生了变迁——郁金香贸易失去了，巴西也脱离了西印度公司的掌控，财运和繁荣就此消失了，其信誉当然也遭到重创。大众舆论的变化是如此之快，以至于西印度公司的股票跌到3个百分点以上。纵然如此，卖方还是担心损失会继续加大。

1674年，董事们提出了重组西印度公司的建议，从而弥补损失，避免公司破产。在重组过程中，有风险的资本金由对其感兴趣的参与方认购——这种拯救办法被称为Bijlegh。那些对重组方案持反对意见的人士，则由立法当局强制其出售股份，不过，他们很快达成了某种妥协，这些股票可以在交纳少量转让费后，被其他董事接收。

西印度公司负有三种责任：

其一是对股东负责任，不管该股票是从原始认购者处继承得到的，还是购买得到的。

其二是对待偿的投资者负责任，不但包括以低利率给公司借款的人，还包括富人。

其三是对未清偿的海洋贷款负责，这种贷款旨在拓展海外贸易。

在重组过程中，股东必须交纳4%的现金，然后，按旧股票名义价值的15%转换为新股票。存款所有者一定要再追加8%的现金，才能得到相当于名义受偿价值30%的新股票。

对于海洋贷款，老贷款被细分为新贷款。老股东一定要交纳8%的现金，才能得到30%的新股票；而近期的贷款人则可以得到50%的现金和50%的股票。

为了实现重组，总共要花费70吨黄金，这还是在以上步骤完成后才进行的。其中，股东得到的好处最少，因为他们不但要对公司的盈利负责，还要对公司的亏损负责；存款所有者则要承担较少的损失，因为他们仅享受适度的利息，而且盈利和亏损与其无关；可是，海洋贷款则获得了相当多的优惠，因为就日期而言，它们比存款更晚，距离当前更近——正是由于这些理由，就像上面提到的，老债权人和新债权人的待遇也就存在着差别。

经过了重组，西印度公司重新焕发了生机——在过去的14年，公司派发的利润实在太少了，以至于股利总和仅为26%。股票价格之所以还能处于110%的位置上，是由于人们希望远洋货船能从圭亚那等地带回高额利润。虽然合约（这一点随后就会提到）中也存在一些缺陷，不过，人们还是认可了商贸发展的光明前景。

此协议（此协议为公司制定了最重要的责任和义务）包括：荷兰商人有义务按固定价格从圭亚那海岸贩运回更多的黑人奴隶——这是因为商人常常会把奴隶卖到西印度群岛（西班牙管辖），因此，相比于公司，他们赚的钱并不少。一般的情况下，从事贩奴生意的商人作为公司的代理人会驻扎在西班牙，并代表公司向西班牙国王缴税。

股票投机因为这种情况得以产生，股票价格或许会因欧洲的政治斗争导致不利的结果，也或许会因运输风险发生波动，也或许会受到税收增加的不利影响……

我应该指出的是，虽然每个公司都会关心国家的和平、安全，然而，由于一些特定因素的存在，股票也会受到不同程度的影响，于是出现上升或下降的情况。此外，由于一些商贸集团会发生重组（它们一般被称为"卡巴拉斯"），虽然它们会建立一系列管理、控制机制，不过"东方公司"的股东们为了加强自己在"西方公司"的力量，还是能够免除其所负的责任和义务；反之，也是如此。

若证券交易所倾向于一种股票，不看好另一种股票，为了推动第一只股票上涨，会大量抛售第二只股票以套取现金，并大量买入第一只股票，或者借助于股票质押的方式向其他投机商贷款。在这种情况下，投机商就会对第二种股票的突然下跌感到忧虑。因为担心会遭受更重的打击，他们会变得更紧张，并将手中的股票快速卖出。于是，人们对股票的热情就消失了，股价也就随之下跌。

不同于东印度公司的股票，西印度公司的股票在交易的时候，并不以500镑（名义价值）为基数，而是以1000镑为基数——准确地说，虽然就价值而言，它们远远低于东印度公司的股票。不过，若其交易风险比东印度公司股票高的话，曾经有一度在进行交易的时候，是以500镑为基数的。

然而，某些贪婪的商人却对经纪人提出这样的要求，即削减一半的经纪费。同样，经纪商也提出了对等要求，即要求每份合约的金额不能低于1000镑，这样，每份工作才能挣到6个基尔德。虽然从表面上看费用相当高，不过，考虑到股票的价值，再考虑到合约给自己带来的便利，经纪人对其委托人的忠诚度就可想而知了。

经纪人经常以"大师"来称呼自己的委托人。他们十分敬业、热心，做事相当谨慎，为的是让每位客户都能享受到物超所值的服务。

"西方公司"的经营和"东方公司"一样，都会运用相同的阴谋诡计，这一点其实很平常。这些股票在进行交易的时候，也具有相同的诚实和欺诈的性质。接下来，我们一起来看一看，这个城市中最常见且世界知名的、第一流的商业手段。

商人：尽管我们清楚证券交易所的起源、创新，以及其管理的混乱，不过，我们还不清楚和交易种类相关的情况。若我们的朋友不会因此而惹来过多的麻烦，我打算了解一下证券交易的地点、方式，以及交易是怎样完成的。

股东：股票交易是如此频繁，极具连续性，因此，对于其到底走向如何很难做出判断。但是，人们经常提及的地方就是丹姆和证券交易所。在丹姆，每天上午十时到十二时，是交易的时间；在证券交易所，每天十二时到下午两时，是交易的时间。

丹姆的交易所，其实是一个广场，它的对面就是大宫（也就是市政礼堂）。丹姆一词，是荷兰语中防范洪水泛滥的大坝的意思。在丹姆这个地方，人们修筑起大坝，为了防范阿姆斯特尔河侵扰城市。实际上，阿姆斯特丹原来的名字，就是阿姆斯特尔·丹姆（也就是阿姆斯特尔大坝的意思）。

在丹姆，交易从早上就开始，一直到中午证券交易才关门。那时，大批人急急忙忙地赶路，都害怕自己因为迟到被罚款。即便已经疲惫到极点，人们依然不愿终止交易；即便兴奋到极点，人们也不允许自己休息或打个盹儿。

证券交易所，则是一座封闭的大厦，环绕着众多柱子（一些人倚在柱子上，一些人则躲于柱子后面），就好像被交易商们包裹着一样。在这里，人人都想赚得盆满钵满。

证券交易所里的交易方式，就像交易游戏本身一样激烈。在雷文特，人们用点头代表同意一个合约。而在交易所里，握手或拍手即表示同意。人们奋斗着，努力着，一心想取得胜利，通过击掌来树立雄心壮志，或是对命运的打击表示哀叹。

证券交易所的一位成员将手伸了出来，另一位成员就会迎上去击掌，这样就代表以某个固定价格售出了一批股票，为了以示确认，双方还要再次击掌。每一次新的握手，就代表着新一轮出价，紧接着的就是报价……如此击掌、握手……循环反复，以至于手都被拍红了（我确信，就算是最受尊敬的人，在交易时也得遵守这样的惯例）。

握手之后，继之而来的就是大叫，大叫之后就是大骂，大骂之后

就是粗鲁的、严厉的辱骂和叫嚷，伴之以推推攘攘，握手击掌，直到
交易完成的时候方才停止。

据《圣经》记载，二人拍手，多是在一个神圣的场合。这里的拍
手，则发生于证券交易所。一起拍手，代表着逗乐或吃惊（一些人趁
着人们欢呼的当口，却在暗中进行着不法勾当），另一些人在挥舞着
手臂，代表发生了意外的损失。看起来，他们的动作就像喜剧中人们
挥舞着手表示希望破灭时的惊恐一样……

为了使我的演说更受欢迎，我希望如实地描绘投机商的紧张状
况，及其在交易过程中随时随地表现出来的忐忑心态。我认为，他们
理应被称为"行动家"——他们无时无刻不在行动。其思想已将其行
动深刻而彻底地反映出来，很多人纵然在睡梦中还思考着交易、操作
和争吵等。

我有两个朋友，他们住在一起。有一天，其中一个人将另一个人
的脑袋打肿了。被打的朋友从安睡中大叫一声醒来，然后将打人的朋
友推醒。打人的朋友解释说，原来是他梦见自己刚做成了一笔交易，
于是，就猛击一下手掌——这个投机商可说是第二个毕达哥拉斯——
传说某天毕达哥拉斯突然被公鸡唤醒，而投机商则是被敲击唤醒的。
不管是公鸡还是敲击，在葡萄牙语中都是同一个词。

股票，总是投机商们谈论的话题：股票驱动着他们的工作，股票
也约束着他们的行动——在股票的影响下，他们所见的一切都是股
票；同样因股票的影响，他们思考时想的是股票，吃饭时食物就是股
票；头脑发热的时候，股票牢牢占据着他们的头脑，即使是躺在停尸
床上，于弥留的那一瞬间，他们最担心的还是股票。

这些极端的行为是如何形成的？究竟那些普通人无法想象的行为

是如何形成的（表面看起来，这些事情是相当离奇、荒唐的幻象，而非夸张之言）？

实际上，任何此类行为的根源，就在于投机商在与自己的良知做斗争，在和自己的愿望搏斗，在和自己的希望较量，在和自己的舒适轻松争斗，在和自己的决策闹别扭。在诸多场合中，每个投机商好像具备双重躯体，为的就是让惊异的观察家看到人类在与自己搏斗时的影子。

例如，一则消息传来，或许就会让投机商买入股票，而此时，弥漫于证券交易所中的气氛，无不是强迫其卖出。于是，理性的自我和非理性的自我之间，就展开了斗争——按照原本的信息，他理应买进；不过按照当时证券交易所的行情，他理应卖出。

商人：我们已经清楚了证券交易活动的方式、地点以及证券交易的永不停歇的本性。不过，我们还是想弄清楚，证券交易是怎样达到这种境地的，股票是怎样转移和支付的。

股东：我已经告诉你们，在证券交易所存在着三类交易商。大资本家是证券交易所的权贵阶层，他们是第一类；商人属于第二类；职业投机商属于第三类。

资本家赖以为生的，是其庞大的财富所滋生的利息，由此奠定了其在商业领域的尊贵地位。为了避免在交易中遇到过多麻烦，他们本人从不到证券交易所去，仅是在认为出现有利的时机时，他们才委托经纪人替自己下单，把认真执行的过程交给经纪人去做。

有时，当预想的行情的确出现了，经纪人就会以最敏捷的方式开展交易。然而，也存在一些情况，当资本家的意图被其他狡诈的商人察觉到后，交易就会因此受干扰，从而遭遇意外的不利和困难。

有一些商人也像大融资家一般，他们本人也不会亲临证券交易所，而是将指令传达给经纪人。他们认为，自己的情绪无法不受交易所中攻击、谩骂、叫嚷等喧哗的干扰。为了免受此类负面情绪的影响，于是，他们干脆选择躲开交易所中喧闹的人群。

不过，也有一些商人就像投机商一样，天天挤在证券交易所。这说明他们将尊严置于获利之下，将体面置于利润之后。他们之所以会这样，有五种原因：

一是他们不打算支付经纪费，因此，便自己直接和其他商人进行交易，此种程序不但可以减少麻烦，也可以节省时间。

二是他们喜欢享受那种握手的快乐——他们容易兴奋，喜欢击掌，最爱以自己的双手传达个人的感受。

三是倘若他们决定任用经纪人，那么，一定是他们和经纪人之间存在着某种私下接触的方便条件，可以得到半个百分点的优势——此类商人会被某个经纪人视为可靠的客户，而其他经纪人却不一定这样看。

四是亲临证券交易所，可以清楚地了解到价值的走势——股价的上升或是下降。这批颇具影响力的人总是被证券交易所内成群的人们围绕着、追随着，因此，商人就可以轻松地影响其他人，也就可以及时地获得新消息，取得信息联络的优势。

五是他们认为，以自己的头脑可以捕捉到最大的获利机会，毕竟他们已算是行家里手，就技巧和招数而言，他人无法与之相比。

一位为人谨慎的人建议："对那些和你有关的事多加注意。"这一建议得到了经营有道的人们的认同。在他们看来，相比他人，自己更了解自己的优势，也更能掌握个人的财富。

　　某些投机商并不通过经纪人下单，我并不感到奇怪。实际上，这些经纪人必定是热心、守信的，也能准时地执行雇主的指令。

　　我之所以有意见，是因为某些投机商在交易过程中处处取悦经纪人，和经纪人相处得十分融洽（实际上，他们并不曾让经纪人得到真正的优惠）。他们将指令下达给经纪人，让其买入股票，不过，在执行的时候，他们本人则亲自出马，而且出价比他们先前指派经纪人买入的价位还要高——他们用甜言蜜语欺骗了经纪人，若在同一时间运用阻碍指令执行的手段，那么，当初又何必下达指令呢？

　　我已经申明，股票交易存在着三种类型。不过，你也理应清楚，三种交易方式都是可行的。

　　重要的是，还有直接转移的方式——使用这种执行方式时，卖股票的人一定要进入位于西印度公司的办公室（在一座豪华大楼内部）。在那里，他会按要求将股票转移到买主的账户（就像前面提到的，纵然是最富有的人也会为了不危及个人信用，采用这种质押股票的办法）。

　　在付款之后，银行职员要对付款进行审核（我们将整个过程称之为"股票转换为现金"），这一过程的细致程度，由买主的急迫程度或卖主想得到现金的迫切程度而定。

　　第二种证券交易方式，是结算日交割结算。在此种交易方式中，股票交割时间，发生在交易月份的第二十天，而交款支付时间，则是同月的第二十五天。然而，这种交易极易发生疏漏和混乱，导致一个人在本可以交割的时候不交割，本可以付款的时候不付款。

　　有一些被称为对冲者的经纪人，则把自己的买入业务和卖出业务尽可能对冲，仅完成差额部分。在这些人中，有一些在暗中寻求利润。要是和这种人做生意，那么，就一定要防范他们趁火打劫，从中渔利，而非处处以礼相待。

第三种交易方式是滞后才发生的。一般的情况下，股票一定要在合同中规定月份的20日交割，付款一定要在25日时完成，前提是没人要启用合同中的延迟条款。不过，我对这种使用延迟条款的方法持反对意见，因为此举会对申请方的信用造成损坏，进而损害其信誉。

在讨价还价的过程中，经纪人用的是印刷好的合约，其上载明一般规定、交易条款等。在这些格式中，会留出一些空白，可以填写名字、日期和价格。若两份合约均填写好，并签署了姓名，那么，这两份合约就可以由交易双方交换。在交易中，若对冲者实现了利润或出现了亏损，就由签名者再来进行合约的交换。

就期权交易来说，还存在另外一种合约格式，其上载明了何时、何地支付期权费，以及签名者该承担何种责任。这种质权书的格式也不一样，它们使用的是加盖戳记的格式，其上载明有关股息的条例，以及其他细节，为的是让交易各方都能理解，从而免于产生歧义或发生争执。

至于采取差额支付结算方式的投机性交易，最好注明是现货交易，这是由于对这一点，法规①中没有相关规定。不过，在远期交易中，允许采取差额支付的结算方式，仅需卖方于两周内将股票划拨到买方的定期账户。到那时，买方一定要购买股票，不然就一定要宣告自己破产。

虽然当时流行的看法是，此法规是针对买方，而非针对卖方的，

---

① 此处的法规是指"弗雷德里克·亨利法规"。

不过，这是因为一个不好的惯例而导致的错误。律师声称，对卖方和买方而言，均可以提出抗辩，这是"弗雷德里克·亨利法规"所规定的。

公众也认为，若股票的卖方买回股票（从某个较早买到股票的人手中），该法律对此就失去了约束力。这的确也是一个错误。（像）我用540镑的价格买入一股股票，然后，以520镑的价格将其卖掉，而且，在见证人面前声称，我刚刚卖掉股票是为了结清从前所买的股票的账户，如此一来，我就无须接受该法规的约束。通过这种方式，我说自己是这20个百分点面值差额的债务人。因此，我无须诉诸该法规——我已经承担了债务。于是，我一定要支付差额部分，否则我就一定要破产。

不过，倘若我以540镑的价格从某人手中买入一股股票，此后，我在未曾发表声明的情况下，以520镑的价格卖给他另外一股（事实上，在两种情形中卖方均不拥有股票）。这样一来，我不一定要声明自己破产，从而免除自己的债务，也无须为此而逃之夭夭。

至于这个法规对于期权合约是否适用，专家们存在相当大的分歧。虽然针对众多具体的案例可以得出正确的看法，不过，我还不曾看到任何可以作为后续法规的政策。

所有的法律专家都认为，这一法规适用于合约的买卖双方。不过，在实际生活中，法官常会做出不一样的判决——令卖方受制于合约，免除买方的责任。

若法规对买卖双方均适用，当我收到看涨期权的期权费，且在交割日将股票卖出，或者，作为看跌期权的期权费的收入者，在交割日一定要买入股票时，就可以向此项法规求助了；若情况正好相反，法规仅针对卖方，而我作为看涨期权的期权费收入者，又想得到保障的话，那么，对我来说，此法规毫无意义——事实上，我就是卖方。

然而，若我得到了看跌期权的期权费，于是，我就可以以股票买入者的名义，获得这一法规的帮助。不过，谈到看跌期权的期权费，人们的看法存在很大的分歧，学者认为，对法律而言，无法实施有效的求偿权，不过法院却可以做出相反的判决。这样，矛盾就会在法律和司法意见、法规、判决理由之间产生。在理论上，仍旧处于混乱的状态中，人们无法说清司法到底会倾向于哪一方。

然而，如果看跌期权费的支付者在协议日持有股票，从而可以交割给我，而且发出交割意向后的两周内将股票划入我的账户，那么，尽管这种情况令我感到狼狈，但我若想诉诸法规，却并不可行。依据一些人的看法，若期权费的支付方在宣布自己预备交割的交割日，而非在达成期权合约的那一日，就拥有了股票，目的是借助法规无效的理由提出抗辩，那么，这一事实是相当充分的。

在司法上，股票的质权问题依旧存在着不确定性。一般的假设是，若股价跌到远低于作为贷款基数的价值之下时，抵押者就一定要补偿其差额部分，不然，就一定要宣布破产。一些投机家争辩说，若股票还不曾划拨到我作为货币贷款人而开立的定期账户中，仍保留在借款人的户头下，那么，在贷款偿还之前，我都能依据法规提出抗辩——如此，就可以维护我的利润，或者说，就可以挽回我可能受到的损失。[1]

---

[1] 作者在此是据法律构想做了一番展开：因为担保品的价值已经下降，远低于贷款时的价值，所以，仍然控制着股票的借款人就有根据虚构的基础借得资金的嫌疑——与之类似的，还有卖空者、无真实股票可供交割的买入期权的出售者等。

最有趣的事情是看到两个经纪人针对同一笔生意而展开争斗，在这种情形下，他们抛开对顾客的尊敬，不顾任何忌讳，说话越来越粗鲁，辱骂越来越激烈，握手的动作也越来越别扭。一个经纪人出价500镑，而另一个表示接受，叫着"即将被拿走了"（在证券交易所中，其意义就是"被席卷一空了"）；或者，一个经纪人以某个价格买入某种股票，而另一个经纪人则对此予以猛烈回击，叫道："它们是你的"（在证券交易所中，其意义就是"被俘虏了"）。

不管股票是被"俘虏"还是被"拿走"了，证券交易所里的人们终日争吵不休。于是，巨大的噪音被好奇的人们制造出来，好像要陷入旋涡和深渊中一样，狂怒的人群有时甚至发展到大打出手的地步。

当时，股票市场上有两种经纪人。

其一是得到市场当局授权指定的，即"宣誓经纪人"——他们已经发誓，不为自己买卖股票。这样的经纪人的数量相当有限，只有在有人去世，或借助某种特殊授权的情况下，其数目才会发生变化。而他们的头衔被授予的机会简直微乎其微。

另外一类经纪人，就是"自由经纪人"，或称之为"雄蜂"，代表着其从其他经纪人那里攫取"蜂蜜"，也就是利润。若一个自由经纪人遭到起诉，就一定要缴纳罚款。不过，这些行为仅是在个人复仇时才采用，通常的情况下，人们对这些经纪人还是相当友善的。

自由经纪人的数量有很多——贫苦商人的唯一的出路就是这份职业；同时，这份职业也是那些失业人员最好的避难所——证券交易是如此生气勃勃，富有活力。所以，纵然有无数的自由经纪人来吃同一碗饭，也无须被迫去做杀人越货的强盗，或杀猪宰羊的屠夫。他们活得不错，而且都在提升自己；他们都想标新立异，都想做一翻大事业；他们对自己的客户是那么忠诚和在意。因此，他们必须以满腔热忱来弥补自己所欠缺的荣誉，以对事业的奉献精神来弥补财产的不足。

哲学家：在此还存在另外一件关于证券交易所的事情，你还不曾提到。在那个不幸的夜晚，我被那些不幸的人卷入了麻烦，谈到虚拟股票，你若是不讲清楚，我就不会感到满意。

股东：一些职员发现，对这些资金有限的人来说，投机于普通股票（也被称为大股票或实付股票），存在着很大的危险。因此，他们开始时会玩一些小股票——相对于大股票来说，价格每上升或下降一个点，其产生的盈利或亏损是30基尔德，而相对于小股票来说，只是3基尔德。

1683年，出现了一种被称为虚拟股票交易的投机方式。在交易过程中，要有一位总会计做担保，才能实施最简单的清算模式。这个总会计用一个账本记录所有的合约，在此之前，并不运用书面协议，而是运用口头协议。

对于记入账本的每份合约，总会计从合约各方获取一个普拉卡（西班牙语"小硬币"之意）。在每笔交易确定计账之前，会计要和合约双方交流。极少有人同意一笔交易的执行时间超过一个月的——交易各方都无力支撑如此长的时间。在每个月的第一天，当下午一点三十分——证券交易所的时钟报时时，合约双方将大股票的价格告知会计，然后，依据双方的交代，会计会将小股票的价值确定出来——这种方式就叫"举签"，这是由于从前会计要举签示意。后来，由于这个动作会制造出噪音，于是，这一习俗就慢慢被淘汰了。

在价格确定之后，接下来就是交易的结算。小股票的支付方式是以现金的方式，而且，相比大股票，小股票更准时，从而吸引了不少资深专业人士参与到小股票的交易中。

在过去的五年中，交易分支的网络发展得十分迅速，渗透到了这个国家的各行各业，不管是男人、女人，还是老头、老太婆，甚至是小孩，人人都参与其中。实际上，本意是为了降低高风险的交易方式，结果，危险却慢慢蔓延开来——投机行为的影响是如此广泛，以至于一个人大笔大笔地对虚拟股票进行交易，好像它们是火柴棒一样——我十分担心，有一天这些参与交易的人们会引火烧身，最终被火柴彻底毁掉。①

当一面镜子被打碎后，破碎镜面的每一块，还是一面镜子，不同之处就在于，小镜子反映出的是缩小的景象，大镜子反映出的是大的景象。股票与镜子具有相似之处，至少，可以将股票当作一种特殊的镜子，其反映的是悬在半空中的物体，或者是某一类镜子，能映照出照镜子的人的神情那巨大的变化——由于惊奇而变得呆若木鸡，当他们照镜子的时候，他们会看到，自己已被投机之风吹得凌空飞去。

恐惧的人们，将这面镜子（东印度公司的大股票）打破，然后将其切碎，相当于把500镑一股的大股票拆分为5000股小股票，以这种方法来方便交易。不过，他们投入的，仅仅是从一笔大交易中拆出来的无数的小交易，仅仅是一面大镜子中分出的无数块小镜子而已……

可以说，每一个参与交易的投机者，都对小额股票交易表现出极度的热情，并且积极万分地投入其中。这是由于大额股票的买家，打算将它们以小额股票的形式卖出（由于交易发生于月初，因此，小额

---

① 参见下文，1688年，这种类型的投机在荷兰被废止。

股票的价格要比大额股票的价格高①）。借助于这种操作方式，投机商们获取了大量利润。因此，他们对于如此做造成的劳动量的增加毫无抱怨，也认为这种业务十分重要，且安全无虞。

在工作日，结算发生于证券交易所大楼，而在星期日和节假日，结算发生于大街上。然而，一些投机商却因不智之举将股票转移给另一批投机商——此举导致人群蜂拥而至，喊叫声、斥骂声充斥于交易所大厅。噪音大到了让一些当地老百姓担心自己受到攻击，甚至有些人害怕被杀害。

那些买入大额股票，同时将虚拟股票卖掉的人，想努力拖延时间（也就是说，让交易再持续几分钟），为的是借助小额股票获利，并且继续吸入大额股票。那些由于已经将大额股票售出而买入虚拟股票的人，则打算让交易马上了结，从而维护自己的利益，甚至可以让自己得到更多的利润。

托马斯·德·维加，对一个傻瓜的举动做了一番描述：这个家伙请求外科医生让他在湖里游泳，不过，当他意识到自己就要被水淹没的时候，理智得以重新恢复，并且也恢复了健康，然后，再也没有犯过傻。

啊，实际上，在股票交易所里赌博的人们，有多少不像这傻瓜一样呢？他们纵身跳入投机的海洋中，只有当海水漫过脖子的时候，才想要返回陆地上。不过，最糟糕的事情是，他们居然不曾发现，自己已经陷入了激流、旋涡之中。据说，最大的蜥蜴是从最小的蜥蜴变成的。股票投机者也一样，从最初的玩虚拟股票开始，然后发展、壮

---

① 二者之间的差异来自每月交割日期间的不同。

大，成为最狡猾的投机者——无人因为狡猾而感到不自在，无人因为这个原因而道歉。

投机商天真地认为，若摒弃掉大额股票交易，就能摆脱难以逃脱的厄运，进而从股市赌博中解脱出来。不过，他们会发现，借助于交易虚拟股票，他们仅仅是将痛苦延长了……就像我在前面指出的，投机商之所以从事无数的交易，仅是为了不让每笔交易承受太重的损失……

赌博的快乐在成倍增长，以至于人们不愿意再将每个硬币花在赌一个点上。就连那些不谙世事、口袋里没有多少钱的年轻人也持相同的观点：大额股票每上升或下降一个点，就代表着小额股票的一定数量的收入或损失。倘若一个人领着一个陌生人走在阿姆斯特丹的大街上，问其身在何方，陌生人必然会答曰："置身于投机者的人群中。"在这些地方，你压根儿找不到一个闭口不谈股票之人。

之所以介绍这种股票投机，是出于两个主要的原因，换句话说，在虚拟股票上投机，体现了经纪人的贪婪，也体现了赌博发明者的需要。为了把这个问题讲得更透彻，我该说，导致经纪人贪婪的原因有三个，因为这些原因，他们将自己葬送了——第一个原因是，他们想获得经纪费；第二个原因是，他们打算借助个人交易，从价格波动中快速致富；第三个原因是，他们想让自己活得更富裕、舒适些。

1.若他们想同时获得这些好处，那么，他们就极易遭遇失败。为了得到一大笔经纪收入，他们一定要以自己的名义，供应或接受大批股票，如此一来，他们很容易被"套"住（荷兰语将之称为"吊"住）。这样，他们就对新闻、信息相当依赖，而且，始终让自己身处风险之中。

2.那些打算借助于价格变动来获得快速收益的经纪人，换句话说，他们从顾客手中得到大额指令，在执行时，用自己的账户进行广泛的投机，也会得到相同的命运——替顾客买到股票后，再将其变成自己持有。这并不是顾客的本意。不过，他们不可能提前预知未来可能发生的意外情况，因此，就要承担持有股票的巨大风险。

3.经纪人相当投入地从事股票交易，在将其智慧充分发挥出来，在将其斗志充分激发出来的过程中，个人得到了较大的满足，不过，攻击心也会变得越来越强，最后，他也只好承认，自己一直身处风险之中，内心始终是担惊受怕的。

为了从上述三种方式中获得益处，经纪人一定要在证券交易所中得到他人的追捧——在交易结束时，若要顾及客户的情况，他们就需要得到一个好朋友的帮助，以便签订合同，将真正的事实加以掩盖。这种隐蔽交易指令的方式始终在股市蔓延，这就导致有些商人也借此种方法进行暗中操纵，虽然一些正直的交易商或许会因此而受害。

当商人确切地了解到，股价会因为某个事件而发生变化时，他们就走到经纪人面前，然后下达操作指令，期望借助价格的变化获得收益。不过，他们下达指令的对象，仅是那些在交易执行前不暴露他们的真实姓名的经纪人——若委托人的名字被经纪人泄露出来，那么，极可能让交易的另一方质疑委托人的资信，从而导致交易执行前价格的变化。

若一个经纪人接到这样的交易指令，一般不敢达成此项交易，因为经纪人会担心其他人注意到这笔交易的来源，而（在将来）指责自己的操守。他也担心，那些不友好的人会对其关注，从而对价格造成不利影响。他怀疑，借助于进一步询问，人们或许会得知其顾客的名字，如此一来，他就得不到其他人委托的业务。

所以，经纪人的自私自利之心与其忠诚之心之间展开了斗争，雄心与胆怯之间也发生了斗争，利润与良心之间也发生了斗争……直到最后，经纪人决定，与一位朋友展开探讨，而这位朋友以个人的名义，将数千股虚拟股票卖掉，从而让其委托人藏身于幕后。

虽然这种赌博的始作俑者是经纪人，不过那时，就连身处偏僻地区的人们也参与了进来。最后的实际情况就是，那些赌博的人将其利润的大部分用于赌牌、骰子、美酒、宴会、礼品、美女、马车、华服，以及其他的奢侈品上。可是，不可否认，依旧有很多人，还是正当地从事着养家糊口的业务。

一些人之所以赌博，纯粹是为了好玩；一些人之所以赌博，是为了打发空虚的时间；而众多人之所以赌博，是因为从中找到了职业的乐趣；而另一些人之所以赌博，却是为了养家糊口。

若这些人受到了厄运的困扰，并且无法阻止失败的结局，他们最低限度也要努力保全自己的面子。他们收到期权费，将已投资的货币退回，将差额补偿回去。于是，麻烦就减轻了，他们也就克服了冲突和攻击。

这就是何以越来越多的人情愿跳入这场旋涡的原因——你能轻松地看出，就人数而言，不做虚拟股票交易的人，实际上要少得多。

第四段对话

策略——是追随空头，还是看穿经纪人的伎俩

股东：在第一段对话里，我提到了股票交易所的来历和东印度公司的财大气粗，也对于投机的范围之广泛和期权交易的意义进行了谈论，与此同时，我还揭露了其中的某些欺诈伎俩。

在第二段对话之中，我向你们解释了价格之所以不稳定的原因，并且对如何进行成功的投机给出了一些良好的建议，且指出了造成价格起伏波动的原因。我还谈到了空头的无所畏惧和多头做事的态度之勇敢，谈到了多头因为勇敢而大胆地采取行动所带来的结果，谈到了空头是怎样胆小怕事地进行处理的；谈到了股票价格动荡的诸多迹象，以及这些现象是如何让人难以理解；谈到了投机是怎样的疯狂和愚蠢；谈到了交易所里运用的语言，以及那些在交易所里习惯运用的多种短语。

在第三段对话里，我向你们解释了多种类型的交易，让你们清楚了一些游戏规则，并且，还告诉了你们一些行业惯例。我提到了合约的公平性，交割的时间，股份过户的地点，业务发生的地点，（交易所里）不体面的行为，喧哗、粗暴、握手，无法摆脱的交易所里的疯

狂，西印度公司，虚拟证券投机的原理，交易所里的三教九流，账户清算的延期，不同类型的经纪人，他们的意识、他们的风险、他们的冒失。

所以，如今，仅剩下一个部分需要由我向你们进行解释、说明，即描述这个行业里最具投机性的部分。这一部分，是股票交易所里各种交易形式的顶峰，是存在于交易所迷宫里的最巧夺天工、最复杂精密的机器，是交易所操纵的巅峰，对于经纪人来说，这是个人的狡诈和机敏所能达到的极致……

例如，一个交易所中，由10个或者12个人组成了一个集团（此处被称为一个"Cabala"）。当这个集团认为，理应将股票抛出时，他们会深思熟虑，对诸多方法进行研究，为的是于不动声色间达到目的。只有当他们已经能预见到行动的结果时，他们才会采取行动。所以，纵然会发生不幸的意外事件，他们还是能获得相当稳妥、有保障的利润，也就是得到十拿九稳的成功……

空头集团借助远期的抛空，将第一记重拳挥出。然后，他们会将现货留在手上，为的是等着当更大的灾难来临时，第二次出拳袭击。他们卖空不同时间、不同种类的（远期）的合约，金额高达5万镑，由于其操作，股票价格向下跌落的趋势已成定局。当跌势蔓延开来后，空头集团又获得了其他投机者的帮助。当然，在如此多力量的参与下，他们所策划的行动一定会达到目的。

操纵此类阴谋的领导者，被称为"跟班王子"，就与萨瓦的阿马蒂奥一世被人们称为"跟班大公"的原因一样。无他，就是由于他的屁股后面跟随着不计其数的人。这个名词之所以适用于空头的领导者，是由于追随者的数量多到数不清，或是由于追随者紧随其后，又或是由于这些追随者卖力地推动着领导者前进的车轮。

绝大多数人只想着跟从众多观点中最为人追捧的意见，别人做何事，自己也效仿做何事，盲从、跟风心态严重，压根不曾考虑自己的思想与看法，做事缺乏主见和远见……

空头集团惯用的花招的第一步是：名声卓著的金融家们购入现货，同时将远期股票卖出，令自己获得（一个足以抵补）投入资金的利息成本的价差，为了让这些合约的规模不显得过分庞大，空头集团在安排出售远期股票时，会将售价定在和现货交易相同的价位上。为了获得预期的更加丰厚的利润，对于利息的损失，他们一点儿也不在意。他们就好像《伊索寓言》中的那只狗一样：它放过眼前的那块肥肉，仅仅是由于那块肥肉的影子于它而言更大、更诱人而已。

第二步，一位颇受空头辛迪加（源于法语，是垄断组织的一种形式）信任的经纪人奉命秘密地从一位公开宣称自己是多头的人手中购入大量股票（过程中真实委托人的身份被刻意隐匿起来）。不过，他们在交易这些股份的时候，却是大张旗鼓、不避人耳目的。此时，人们会大叫："看啊，就连多头都在抛售股票了！"

随即，这位经纪人计划将从一位多头处购得的股票，再转手出售给另一位多头。那么，对这后一位多头而言，关于前面那位多头正在抛售股票的传言，就是千真万确的了。于是，第二位多头忧心顿起，为了安全起见，他在极短的时间就将自己手里的股票抛出。一时之间，谣言四起，所有的人都被恐惧所困，就像惊弓之鸟一样。所有的人都企图将自己的股票先于他人卖掉，就怕落在别人后面，并将所有买入的建议都视为欺骗。

我们将这样的恐惧称之为"备受折磨"，数不清的（交易者）跟随在他们后面，争相将手中的股票抛出⋯⋯此时，人们的精神差不多达到了崩溃的边缘，甚至最微不足道的一点可疑消息，也足以让其惊慌失措，六神无主⋯⋯

第三步，空头辛迪加把一些巨额股票用现货的形式卖给某位以股票抵押为业的富豪。这位财大气粗的证券抵押商想当然地会把这些用现货买入的股票立即卖出，并且，双方约定远期交割。空头辛迪加指令其经纪人（他负责实施整个阴谋计划）在当天收盘之前，隐秘地把这一交易消息传递到交易所内代表各个证券公司的代理人耳朵里。没过多久，这一番私下进行的交易，就成了交易所内公开的秘密。

这条消息的大意是，某大资本家已经获得了重要消息，依据这条内幕消息，他决定将手中的股票大量抛售出去。当后来那位抵押商果真将股票大量抛出时，这番骗人的鬼话看上去就更加逼真了。于是，其目的也就达到了：人们的心中充满了无法阻挡的恐慌、疑虑，股票价格的暴跌顺理成章地发生了。

第四步，在"投机战"的最初阶段，空头辛迪加将股票交易所里可以借到的钱都借了过来，以此向众人说明，他渴望借投入这些钱去买股票。不过后来，人们却开始大量抛售股票。如此一来，空头们就达到了一箭双雕的目的：第一，交易所将会确信，开始的计划因为重要的消息而发生了改变；第二，多头无法找到获得资金的渠道，因而不得不抵押自己持有的股票——随即，多头只好将股票抛售出去，因为他常常缺少资金购买股票（不然的话，他们就会让自己陷入第七步阴谋所描述的陷阱之中）。

（空头辛迪加的）第五步，是将尽可能多的买入期权抛售出去，以便尽可能多地吸纳贷款资金，以之对期权购买者施加压力。不过，若他们自己大量购买股票的话，迫于资金方面的压力，他们也不得不将股票抛售出去。

第六步，尽可能多地购入卖出期权，直至卖出期权的一方（假设他们是多头）不敢（依照其自己的本意）购入更多的股票——他们有义务接受期权购买者卖出的股票——既然他们收取了期权费，那么，若期权购买者要求出售的话，他们就一定要购入这些股票。

于是，对股票价格下跌进行的投机，已到了箭在弦上的地步，差不多已是胜券在握了。

可以这样说，那些借助远期买入期权合约购入股票，并按照已确定的条件在未来售出的人，或者那些借助卖出期权售出股票，并按照已确定的条件在未来购入股票的人，"将其投机的过程进行了转换"。然而，因为他们选择的程序可能是错的——导致他们错过了正确的投机路径，因此，人们极少采用这种转换程序的做法。

第七步，充分认识到多头需要股票来脱离困境，于是，空头为其提供资金。接下来，空头再次将那些被抵押的股票售出，因而获得了出售所得和股票贷款之间的巨大差价，令其得以进一步从事买入期权和卖出期权的操作。

这是一种非常邪恶的阴谋诡计。它注定要给世人留下永难忘却的记忆，因此，必定也会给人们带来灭顶之灾。从表面上看，空头一方通过把钱借给多头一方（当他们收取多头购买的股票作为抵押的时候，实际上就相当于替多方融通资金），为多头提供了一线生机；而真实的情况却是，空头集团将这些股票转手抛售一空，为此，多头只好再次买入自己已经拿去抵押的股票……

虽然空头缺少股票，他们却可以不动声色地制造出股票充足的假象。他们将股票频频换手，仅一周的时间就可以达到50次：股价就如同游戏中的小球一样不断地升起又坠落。不过，这样的换手所暗示的，仅仅是股票行业的没落与毁灭……

当空头购入一份股票，然后在其同伙的保护下，将十份股票卖出的时候，其意义是什么呢？若空头接受了作为抵押品的股票，仅仅是为了马上转手卖出，这种交易又意味着什么呢？人们到底该怎样将自己（对于此种情形）的焦虑压下，又该怎样免于痛苦、失意呢？

学者会认为（以下说法）有失公允吗？当人们购买一份股票的同时，却卖出四份股票——我无法将这种购买视为一种诚实、善意的购买行为；当任何一笔交易在接受一份股票的同时又抛出十份股票，我也无法将其视为一种诚实、善意的行为……

（空头辛迪加）的第八步：传播一条由投机者们自己炮制的"重要消息"——他们会写一封密信，并在合适的场合做好安排，让信件无意中"被遗失"——发现这封密信的人一定会对此深信不疑，确信自己拥有了一份宝藏，而实际上，因为这封信，他注定将堕入死亡之渊。

他自以为是地将密信的内容转告给密友们，并说明辛迪加获悉此类消息之后采取抛售行动的理由。若当天的股票交易所里果真发生了抛售风暴，那么，这条消息看上去就十分真实、可信了，人们的怀疑也获得了证实，人们的忧虑也获得了解释……

第九步，一位德高望重的、具有卓越声誉的、从未进行过股票交易的人，在空头辛迪加的煽风点火下，也加入交易，并卖出一两手股票，而此时，空头集团已挖好了陷阱。

隐藏在此举动背后的信号，就是以下的观念：一定发生了某种不为人知的新鲜事情，让这位众所周知的名人的注意力被吸引了。于是，此人出售股票的决定，就会在人们心中产生恐慌，从而造成严重的后果……

（空头辛迪加）的第十步，是对一位亲密的朋友说悄悄话（声音足以让静候在暗处偷听的人听到），告诉他，想赚钱的话，他就该把手中的股票抛掉……

我们从先知那里得知"石头会讲话"，而由谚语可知"隔壁有耳"——我们的阴谋家清楚，这条真理已经被无数的经验所证实。若其秘密散布的消息变得人尽皆知的话，那么，他们的建议似乎就获得了广泛的支持和认同。

当他们故意大量抛售股票的时候，似乎墙壁和石头真会说话。人们努力地搜集此类用悄悄话传达的"内幕消息"和不可告人的原因。人们对其暗示充满感激之情——在人们看来，他不可能欺骗自己亲密的朋友。因此，这种伎俩总是奏效，"鱼儿"十分听话地将诱饵吞了下去。于是，自投罗网的"傻鱼儿"被捕了满满一网。

这场胜利自然值得庆贺，而空头集团的目的也得以顺利实现，当然，随之而来的是巨大的利益。

第十一步，空头辛迪加采用了如下伎俩：他们并不仅仅用舌头来做武器，也不只满足于通过舆论打击敌人，而是巧妙地给人以下印象：自己的主张乃是建立在严肃、缜密的思考上的，而非唯一适用、针对东印度公司——随即，空头开始抛售政府债券。

于是，由空头的这一动作，多头确认了，这个国家有可能陷入了一场灾难，保持警觉状态是相当合理的，并且，应随时关注可能会爆发的战争。于股票行业而言，这种抛售长、短期政府债券的方法其实相当普通。然而，不管是什么人，若存在这种想法，都是不正确的。

我们的投机者（也就是多头），由于自股票交易失利而变得麻木不仁，甚至丧失了判断能力，对于他们来说，保护政府债券市场的义务，令其损失惨重，元气大伤——所有这一切，皆由空头集团苦心捏造出来的关于危及国家的情况、危及东印度公司的情况，以及股票市场的崩溃等子虚乌有的说法。

最后，空头集团为了对市场趋势有更加彻底的了解，纵然是空头（在将其大规模操纵行动开始之前）也会将起点定位于购买和接受任何（为其提供）的证券上。

若股票价格上涨，他们就把轻易得来的利润装入自己的腰包；若价格下跌，他们就会将按损失的价位抛出，不过，对于这一结果，他们也很满意——市场因这一结果而确定了走跌的趋势。

此外，胆小的公众对这样的交易结果所持的浓厚的兴趣，也是一种有利条件——公众会认为，局势果然已变得十分危险，就连他们这样的投机者都因为亏损而出局了。若想影响动摇不定的群众，掌控其行动，那么，这种示范效应的确是最行之有效的办法之一。

胆小的人们看到空头买进股票时，并不清楚何以空头会如此做：究竟是打算将其卖掉，还是由于他们改变了初衷，由空翻多，难道果真打算买进股票？若辛迪加打算采取这种障眼法，他们就会给出比当日价格更高的叫价（我们称其为"哄抬"价格）。

以这种方式对价格施加影响，目的是为了将股票在更高的价位卖出（放空），从而谋取最后的利润。亚当接受了上帝吹来的一口气，于是，生命注入了他的身体里；而空头们将一口气吹向股市，于是，许多人的生命就被夺走了……

商人：对于这类阴谋诡计，可怜的多头难道就无法自卫或还击吗？

股东：他们必定有自保之法。无论何种激烈攻击，他们都有办法保护自己；不过，纵然是最了不起的诡计，也必定有其克星。不过，因为双方为达到各自的目的所采用的手段相同（事实上，就是那些在对空头的讲解中早已经剖析过的手段），我担心，这种两面的阴谋会采取相同的立场。

为了避免内容过于冗长和重复，在此，对多头们采取的伎俩，我一笔带过，仅将那些狡猾的经纪人惯用的伎俩一一介绍给你。这些经纪人，若他们不能做到厚颜无耻，他们就会意识到，自己得到了我热情的赞美（指自由经纪人，他们通常开立自己的账户而参与投机）。

例如，某位经纪人接到了一份委托，让其售出20股股票。若这个经纪人是多头一方利益的代表，那么，他在接到这份委托指令后，会惊骇得倒吸一口凉气，继而怒火中烧——若他第一个抛出那些为自己购买的股票，他担心其他人会清楚自己的行为——那样的话，他会因为欺诈操作罪被送上法庭；若他选择继续持有自己的股票，而按照委托指令将客户的股票卖出，如此一来，他又担心在大量抛单的压力下，价格会一路下滑，以至于连累自己，最后不得不面临惨重的损失。

最后，他决定做一个诚实正直的人……只是因为担心（被人发现），而尽量放弃自己的利益，以便更好地完成委托。没想到，有人凭借敏锐的观察，察觉到了这件事中间的虚伪和无可奈何；空头辛迪加却再次得到鼓舞。

有人大声地说："海盗在海岸附近出现了！"另一个人也叫嚷："这样的人必定是中了邪了，他在替秘密客户抛售股票！"另外，还有人嘲笑："他在下蛋呢！"

每个人都义愤填膺地宣称："他的所作所为，正在腐蚀我们的交易所！"

这些习惯的表达方式，都是我们的投机人在这样的突发情况下运用的，在这些偶发事件中，这些语言是习惯用语。是以，这位沉默寡言的经纪人并未因此坐立难安——他已经尽自己最大的能力去执行客户的委托，假如客户的指令在执行之前就已经人尽皆知的话，他也仅仅会觉得此事让人气愤而已。对他来说，这不过是有点儿痛却无碍大局的皮外伤罢了。

我们之所以要谈论这些经纪人，就在于他们替自己的账户进行交易——他们同样期望得到丰厚的利润。若（处于这样的情况下）他得到了一份委托指令，而他本人又由于执行这样的指令而受到约束，不得不与自己的交易逆向操作的话，他的心必然会颤抖，他的表情也会发生变化，声音也一定充满恐惧，呼吸简直要停止；除非他可以借助巧妙的技巧虎口脱险，不然的话，他就会陷于十分悲惨的境地，如同一个傻瓜一样凄惨地死去。

为了避免落得如此凄凉的结局，我们的经纪人会私下抛出自己的股票。他会将缠绕在某人脖子上的蛇杀死，防止它伤害那个人；他会尽量在不伤害那个特定的委托指令的前提下，把对自己利益的损害减到最低。他最好只替自己的客户进行交易，从而避免麻烦，也免得对自己的心灵造成伤害。

若他为谋取利益而选择牺牲掉自己的信誉，那么，他就会丢掉自己的经纪业务；而一旦失去了经纪人资格，他也就等于自毁前程。如此说来，他赚那点钱（假设他真的赚到了钱）的意义又是什么呢？……

假若一位大公无私的经纪人执行一笔大额的委托之时充满了干劲，且执行得又敏锐又灵活，那么，我们就要对此人多加注意了——如果他打算买入股票，他会尽全力、有针对性地快速购入某些股票，并希望通过讨价还价，保障随后的股票（都以合理的价位成交）交易。

为了隐匿自己的意图，他有时候会报出一大笔股票的售价，而有时候，他又会了解他人的报价。如果此时有人把他想买的股票推到他面前时，他的目的就达到了。如果一个人打算从其手里购买股票，那么，他实际上已经买到了他负责购入的大量股票；他在不影响股票交易所价格的情况下，已经得到了双重经纪费。①

他以让人赞叹的敏捷，四处挥舞着宝剑。他的表演是那么让人愉悦，人们不得不为他无法百战百胜而感到遗憾……

纵然在交易所的气氛相当悲观的情况下，经纪人借助自己的聪明和勇气，有时候也能获得成功——我们不能不对这种成功衷心地感佩。

另一方面，假如一位经纪人预测股票会下跌，并通过个人账户进行了投机，此时，又接到了一份卖出股票的委托指令，那么，对他而言，这可真是太及时了——世界上再不会有比这个消息更让人高兴的事了！这位经纪人这时候可说是天底下最快乐的人了。

我们的投机者会频繁出入于咖啡馆之类的场所，那里为人们提供一种饮料——咖啡，它被荷兰人称为"Coffy"，而在地中海东部地

① 如果这位经纪人获准对其委托人提出的虚假卖出委托收取佣金的话，随后，他将会在委托人的指令下收回这项业务，同时，对实际被执行的购买委托指令收取佣金。

区，人们则称其为"Caffé"。在寒冷的冬季，投机者们会在热气腾腾的房间中找到一个舒适的小憩之所，并且，那里还有着众多的娱乐和游戏。

咖啡馆的东西都不太贵。你可以在里面看书，玩棋类游戏；你还可以在那里遇到一些极具见地的来访者，你可以和他们就不同的问题进行讨论。有人喝着热巧克力，有人喝着咖啡、牛奶和茶……这里的人差不多都是一边交谈，一边抽着香烟。当一个人得到了消息的时候，他也会和他人洽谈生意，进而成交。

在交易所营业时间，当一位多头走进这样的一间咖啡厅，在场的人就会就如今的股票价格怎样询问他，他回答时，会在当天均价的基础上加上1%—2%。与此同时，他还会制作一个笔记本，装作在上面记录下各种委托指令的样子。于是，他成功地将人们购买股票的兴趣激发起来。

而这种购买意愿的提升，同样能让人们产生心理假象：股票价格会进一步上涨。在这一点上，我们所有人都是一样的：当价格上涨的时候，我们认为它们会涨得更高；而当它们已经上涨到很高的价位时，我们又会认为它们会下跌——所以，我们会毫不迟疑地购入这些价值被高估的股票。

于是，热情的人们纷纷将买入的委托指令交到狡猾的经纪人手中。不过，为了巧妙地达到个人目的，经纪人会对一众客户宣称，自己已经接受了过多的委托指令，所以，无法再接受其他任何一位客户的委托了。这下，天真的提问者对于他的那番鬼话更加确信不疑，认为他为人真诚，于是，对于购买股票更加充满了渴望。

随即，他们会将一份不带限价的委托交付给另一位经纪人。一旦

（第一个）狡猾的家伙得知了这一情况，他就会急忙赶回交易所，用高于当日市价的价格将股票卖出；而原本对市场毫无兴趣的其他经纪人，就会在更高的价位上将这些股票买入——他们确信，股票价格发生变化的原因一定是因为某些新的、未知理由的出现，进而让投资人产生了投资的愿望。

有时候，价格的上涨可以维持一段时间，于是，欺诈也被戴上了成功的冠冕；原本看上去相当疯狂的东西，如今却变得相当聪明……

多头假扮成空头，是这些圈套之中最纯粹的诡计。之所以这样做，有两方面的原因：第一，是由于对手（真正的空头）会想象，如果他们能从那些立场不定的、隐匿身份的人手中购入一份股票，那么就说明，对方（指多头）已经改变了主意。于是乎，他们也就无须替多头垫付资金了，而是采用釜底抽薪的方法，尽力地把多头们打垮……

如今，多头的操控已经让股票价格发生了变化，于是，空头们不得不替自己已抛空的（为了战胜多头）股票支付高昂的代价。于是，多头就达到了自己轧空的目的，并且借助伪装，将自己穷凶极恶的敌人打得落花流水。同时，借助精心策划的阴谋，他们战胜了那些试图欺骗他们的对手。

其次，这些投机者反复运用此类诡计的目的就在于，在突然到来的紧急关头，可以将大量的股票抛出，而不会引发任何恐慌。既然那些（特定的）投机者已经相当确信地把他们划为空头辛迪加一流，那么，多头们就会愤怒地将其包围，从而买入他们售出的股票。

人们（经纪人）始终想洞察交易所里的某个聚会中正在发生何事。于是，他们会将自己的脑袋探进集合在一起的人的手臂下面，四处张望（丝毫不在意那令人不快的体味），并从中得知，有人报出了每股588镑的卖价，却没人接受此价格。于是，经纪人赶紧走开，钻进另一个对立方的小团体，假装一无所获的样子，同时，假装接受了一个对价格无限制的委托指令。随之，他开始报出每股588.5镑的买价；他的跟随者也为此勇气大增，继而报出589镑的价格。

最后，这种做法获得了成功，引发在场众人欢腾的热情，赢得了热烈的掌声——如果在一群死鱼中间恰好有一条电鳗，当电鳗的电流冲击那些死鱼时，也会发生类似的场面。

同样，在被这位经纪人用谎言和勇气惊醒、复活之前，多头们看上去也是死气沉沉的。这位经纪人将巨大的热情赋予自己所做的每一件事上，将巨大的精力投入自己所做的每一件事上。于是，这位生动而活泼的"无赖汉"，以自己的口若悬河将死人也说得活过来了——在看到狼群时，绵羊们会变得十分安静；青蛙在发现人们在看它时，会让皮肤颜色变浅。在这种时候，纵然是空头也会变得相当安静，并且脸色苍白，这一幕是多么有意思啊……

若一个人要买入或卖出股票，那么，有三种常用的表达方法。

一位出售者声明，"我用这个价格将它们给你"；或者，他说道，"我用那个价格将它们卖出"而不做更深层的解释；或者，你可以说，"以这个价格，我将它们卖给所有希望得到它们的人"。此外，还有一些人们不常用的表达方式。

不管是谁（单纯地）说："我要把它们卖掉。"话一出口，就无法避免以对方要求的任何价格卖出股票的厄运了。若此人后来因低价卖出股票而感到后悔，即便如此，他也无法凭借和对方的交情而免除交付股票的责任。他仅能选择祈祷、抱怨和忍受痛苦的折磨。

　　而任何人倘若说出"我将股票卖给所有需要它们的人"，他就会让自己处于巨大的危险之中——真的有人指望着这种不受约束的要约来维持生计，就如同他们靠买这种便宜货来赚取面包钱一样。因为人们清楚，这样的人的卑微地位、少得可怜的资金、低下的名声，以及有限的可信度，使得他们不敢去做任何规模可观的交易。

　　若一个人只是说"我卖"的话，他之所以这样做的目的就相当暧昧了——实际上，他不希望将股票卖掉，而是希望让价格发生变化。若有人表达了要购买股票的愿望，这位自营商就会马上回答道："我卖，不过不卖给你。"他没有义务对其他任何事情负责——严格地说，他所说的仅仅是"我卖"。

　　对此，我感到再正常不过。有一些经纪人（知名度足够高的话）会在经纪合约上标明："××按委托指令"的字样。他们这么做的原因无他，正是由于他们热衷于替自己的账户进行交易。他们选择这种签名方式，正是为了向别人表明，这笔交易只是遵照某位客户的委托指令办理的。由此可见，他们很清楚，怎样将自己的贪婪掩盖起来；他们同样清楚，如何将自己的愚蠢掩盖起来。

　　让我感到更加奇怪的是，长时间以来，一些胸怀大志的经纪人实际上运作着两套体系，一套是真正的经纪业务，而另一套则是替自己的个人账户进行证券交易。在那些指定他们为委托人的股票交割之中，名字的改变就代表着实质性的变动——一个男人与其妻子在旅馆里住宿，却打算仅付一个人的房钱——因为参照《圣经》里的说法，夫妻二人是一体的。

　　然而，当房东发现，他们二人在利用诡辩占便宜时，他也会尽量做到"以其人之道还治其人之身"。他会要求这两口子支付11个人的房钱——倘若两个能算成一个的话，那么，两个数字"1"并排放在一起不就是"11"了吗？

看起来，上文提到的那位精明、狡猾的经纪人所运用的花招，以及房东的诡辩，的确存在异曲同工的妙处。因为他们都同时扮演者经纪人、商人、合约签订者、律师、法官这五种角色……

不过，一旦最具影响力和最受人尊敬的经纪人（这类人充当着交易所的保护者）离开了交易所，顺理成章地，交易所的每个部分就会陷入混乱。此类经纪人（我们可以想见）的服务对象，是交易所里精挑细选出来的、最富有的，也是最富于进取精神的人——也就是多头们。对他们来说，始终致力于追求委托人的最佳利益，永远是其公正无私的敬业精神的指向。

一天，一位敏锐又狡猾的空头意识到，股票价格正在发生动摇。为了刺激股价快速下降，于是，他对一位忠诚的经纪人下达指令，让其在隐匿委托人真实姓名的情况下，抛出10份股票。这位经纪人忠实、聪明而又异常小心地完成了委托——他想赚的仅仅是经纪费，虽然他的行为对自己的朋友（多头）造成了伤害。这位经纪人的追随者们甚感惊讶，连忙问他，这些股票是不是他替老主顾出售的。他们还问他，是不是获得了某一最新消息。面对追问，他一律闭口不答。他们还想弄清楚，他是不是一定要抛出大笔的股票。无论怎么说，他还是保持沉默。

经纪人原来的拥护者们对他的背信弃义感到愤慨，为了给他制造麻烦，也为了防止他从事一场有利可图的交易，于是，他们联合起来把股票价格哄抬了上去，并痛斥其忘恩负义的行为，指责他一点儿也不顾忌大伙的利益。

　　然而，当那个被精心隐藏起来的真相被揭露出来的时候，发出委托指令的那位空头早已实现了个人目的。他成功地在股票交易所里制造出喧哗与骚动，并导致股票价格的变化。所以说，他大可以自吹自擂，自矜于所获得的胜利……

　　无数经纪人在炮制"有关的阴谋"时，都是那么精力旺盛，花样也不断翻新。不过，只是因为这个原因，还不能让他们达到目的。多头们将和股票有关的成百上千条谣言散布出去，其中的不管哪一条，都可以让股价上涨；而空头集团也炮制出成百上千个阴谋，为的是让股票交易所里的人因受打击而人心涣散，进而造成股价下跌。不过，倘若因为机缘巧合，他们炮制的假消息中竟然有一些果真成为了事实，且被证明是真实的，那么，真实情况就程度而言可能远不如人们所预期的那样具有影响力。

　　例如，假如人们了解到情况并不像空头所担心的那么不利的话，虽然情况是发生了恶化，不过，股票价格还是会处于不跌反涨的状态。另一方面，当某个利好事件出人意料地出现时，也或许会导致价格的下跌，即所谓的"利好出尽是利空"。

　　当某位对价格上涨感兴趣的、狡猾的经纪人，一定要购买2000镑的股票时，他要做的第一件事，就是仅购买1000镑的股票，从而留给人们以下的印象：他最少会买入2万镑的股票。

　　一旦他看到另一位经纪人购买股票，不管此人是在模仿他，还是为了迎合他的心意，他都会走到这个经纪人面前，压低了嗓音表达自己的愤怒（只不过说话的声音足以让那些努力想偷听其讲话的人们听到），他恳请对方，看在上帝的分上，不要搅和进自己的好事，不要对股票的价格施加影响——他还要进行一大笔股票交易，如果出现混乱的话，他的交易将会一败涂地，并且一定会受到损害。

如今，交易所里的人都将这一诡计视为一个严肃的话题，对其严阵以待。几乎是立刻，所有人都开始购入股票，好确保自己能得到这笔按照（推测的）趋势可以预期的利润。虽然这一诡计是否能成功，此刻还相当难说，不过，却常常值得一试。就好像夏娃受到邪恶之神的劝诱，声称她理应吃那苹果树上的禁果——她可以因此而获得永生。假如这是真的，那么，邪恶之神就不会将这个方法告诉她——他会提供建议的目的，仅是为了达到自己的目的。

在我们的股票交易所里，邪恶之神的行动也一样。然而，假如他们就像前文所描述的那样，纷纷游说自己的朋友，劝其不要购买股票，好让自己买入股票，并且，还要求朋友不要影响股票的价格。那么，事实上，他们（借助于某种方式）自己也正在试图改变股价——这类阴谋诡计含着某种类似神话的意味……

当一位慷慨的经纪人希望替某位亲朋好友谋福利的时候，他（或许只好）可能在和对方碰面上百次之后，才真正地将必要的信息告知对方，以避免被那些始终守在旁边伺机偷听的小人听到。为了避免此类意外的发生，他一般会使用一些省略语，而正是因为这种含蓄的权宜之计，惹出了很多的误会——对方常常将他说的话理解成相反的意思。

一天，我同一位正忙于交易的绅士交谈，请他谈一谈如何看待后市。他十分兴奋地答道："Ven."[1]我认为，他是想让我和他一起走。于是，我随着他到了一家旅馆，在那里，我看到他又购入了许多股

---

[1]　Ven是西班牙话里一个明显的词根，如Venir和Vender，有"来"和"卖"之意。

票，却没有同我谈任何事儿。所以，我猜，"Ven"的意思就是：我理应跟随他，并效仿他。我认为，自己也应该学着他的样子，也购入些股票。于是，我急急忙忙地赶到股票交易所，在那里购买了不多的一些股票。

此时，我突然注意到，我的"顾问"正抛出股票，而且是以8股为单位进行的。我（被这种明显的背信弃义的行为）激怒了，我向他抱怨，声称我已接受了他的邀请，加入了他的交易，可是，却被他给骗了。然而，他却向我保证（并用进一步的抛售行为加以证实），他不过是利用自己秘密购买的股票来打击对手。他声称，他已经为我提供了足够的建议，而且反复提醒我"Ven"，奉劝我赶紧将股票卖出——他不可能把话说得更清楚了，否则会被其他人听到……

不择手段，龌龊下流，是有些经纪人（口蜜腹剑的典型代表）操作时的一个显著特点。虽然人们批评他们的行为不诚实、不厚道，不过，他们还是喜欢这么做。举例来说，他们会建议一位好朋友将股票卖掉，尽管他们实际上接到的是购买的委托指令。更加恶劣的是，他们会通过他人来影响自己的朋友，从而让股票交易获得成功……

商人：请您看在我们这么认真地倾听的份上，将（最近）股票价格何以发生如此严重的下跌的原因告诉我们，要知道，在很短的时间内，发生了一场让人遗憾的股灾。

股东：可以为你们解释这场崩盘发生的原因，我感到很荣幸。请你们一定要格外用心、安静地听我解释。我要提醒的是，股价会再次从下跌时的价位每股365镑上涨到每股465镑，并且，会一直保持在这一水平。

不过，请你们注意，在多头前进的道路上，邪恶之神已经将重重陷阱设置好了……在《圣经·约伯记》中，邪恶之神声称，全世界都留下了他的足迹。我确信，在我们倒霉之前，邪恶之神也必定造访过所有的地方，包括海洋和陆地——不幸的消息正是源于那里，源于每一个角落地方，导致了不幸事件的发生。

在大陆上，和平、安宁举目皆是，在交易所里，充足的资金和信用供给是人们可以得到的；出口的前景相当乐观；富有企业家精神的人们努力实现着自我；在著名统帅的率领下，精锐的军队正保卫着我们的家园；此外，这里的人们还拥有无与伦比的商业知识，有持续增长的人口，有一支强大而有力的舰队，以及实力强大的同盟。所以，人们生活得宁静坦然，没有任何疑虑，就像天空里没有一点乌云，人们也不曾看到任何一点阴影。

好望角的管理者托法国人的轮船从海外带来了一封信。信中传达了这样的消息：在印度，人们所希望的每一件事都进展顺利，极为丰富的货物装满了由印度到好望角的货轮。之所以会出现这样繁荣、可喜的局面，一部分是由于中国市场的开放，另一方面则是由于发现了新矿藏。

不管怎样，所有人都期盼着丰厚的利润，希望看到让人欣喜的经济形势。许多人都期待着幸运时刻的到来——这一时刻是如此迷人，会让所有人都啧啧赞叹。

然而，和这些令人充满信心的、一定会到来的美好愿景相反，此时，又传来一条消息：在由好望角开往巴塔维亚的返程船队中，载重最大的轮船之一已经无法继续航行了——船上满载着危险品。不过，没有人理会这样的消息——人们理所当然地认为，这艘船将会在首批船队离开之后的几个月里，和两三艘较小的船只一起离开巴塔维亚。

首批船只通常会装载着价值4吨黄金的货物，以及书籍、账簿和东印度公司的资产负债表，好方便荷兰的董事们查阅。在首批船队到达之前的那些天，一个与众不同的，不过很明显相当可靠的消息在人群中传播开去：这个船队在沙滩上搁浅了，不过，现在已经脱离危险了。并且，又有消息声称，返航的船只事实上已经由军舰护送起程了。

一般来说，多头们最欢迎的，就是这样的消息，它和股利分配密切相关，人们的心潮随之而起伏、变化。此时，在交易所里，撒旦的幽灵被唤醒了——谁要是不加入欢庆活动，就会被视为傻瓜，任何一个想卖出股票的人，都会被视为损害、威胁其自身利益的蠢货。最后，任何出售行为都会被当作傻事、疯事，被视为犯罪行为。

终于，货轮安全抵达了港口的码头，董事们也得以看到一部分和收入有关的信件。

此时，有谣传说，这回从印度采购的一批货物价值只有34吨黄金，相比于去年的50吨黄金，二者相距甚远。于是乎，人们的激动情绪遭到一记重击，乐观的预期瞬间消失不见了。倘若空头辛迪加不像多头那样投机于股票的上涨，那么，此次冲击原本会比较轻。此前，空头们被光辉灿烂的贸易前景所震慑，以表现得规规矩矩的，也不敢和多头宣战。

假如空头集团将大量股票放空，原本可以得到巨大的好处，当价格在首轮下跌中降低20%的时候（空头或许会购回放空的股票，以弥补自己的空头仓位）落袋为安。所以，在整个股灾中，股票价格的崩溃原本不该那么严重。然而，因为有人希望通过抛售股票，以避免遭受更大的损失，其他人则在出售股票之后保住了本金，并略有盈余——随即，大家纷纷效仿，抛售之风变得相当普遍。

彼时，随处可见的就是涣散的人气和萧条、悲观的情绪。因为提前签好了合约而不得不接受交割的股票的人们，只好再把刚买入的股票抛出，以此来抵补损失。拥有质押过的股票的人，也开始抛出股票——其价值已经跌到了为持有它们而借入的资金额以下。

持有早先购买的股票的人，急切地想将这些烫手山芋抛掉，不然的话，他们会损失更多的资金。同时，他们会卖掉更多的股票，好弥补原来的损失。少数提早有意识地将股票卖空的人，更是抓住时机对股价进行进一步的打压——他们受到了卖空所获得的利润的刺激，从而勇气倍增，想趁机再兴风作浪一番，达到趁火打劫的目的。最后，人们手持股票四处乞讨着找饭吃，就如同在乞求富裕的购买者的救济一样。

人们的心中充满了恐慌和难以言喻的惶惑，甚至让人感觉这个世界看上去快要坍塌了，大地好像就要沉没了，而天更是要塌下来了。

当公司的第二批信件被公之于众时，整个市场的气氛开始略有缓和。似乎今年来自印度的这批货物销售所得的利润（因为价格更高），将和去年那批价值50吨黄金的货物所带来的利润持平。所以，空头们又聚集在一起，为了不给多头以喘息之机，他们开始四下散布谣言，声称战争马上就要打响。他们声称，他们已经掌握了正秘密进行的战前准备的情况，大家一定要相信，战火一触即发。接下来，种种税收会像雪崩一样地落下，民众会背上沉重的负担，整个欧洲将会陷于水深火热之中，入目皆为悲惨、可怖的地狱般的场景。

因为这一消息，甚至连那些早就察觉到空头集团的阴谋的人也被吓坏了。于是，空头们彻底地将市场价格操控在手中。他们现在已经掌握了整个局势，为了让一些有偿付能力的人幸免于难，好陪他们继续玩这场金钱游戏，于是，他们耐着性子不用现货卖出股票，以避免款项暂停支付。

股票交易所陷入了我此前描述过的悲惨境地；原本那些在人们看来极具实力的大人物，也只好求助于弗雷德里克·亨利的法规，希望得到庇护——交易所最强有力的支柱，此时就像弱不禁风的细棍子一样，霎时坍塌了。

在虚拟股票投机中，股灾所造成的损害更加严重。法庭判决宣布：对这些虚拟股份单位的投机是一场游戏，或者，也可以称之为一场赌博，所以，这些虚拟的股份交易，并不具备真实交易的性质。所以，如想拒绝对虚拟股票的价款支付，甚至无须求助于弗雷德里克·亨利的法规。

在这场股票洗劫行动中，每500佛莱芒镑的股票（相当于3000基尔德）之中，就损失了300基尔德；后来，是500基尔德。

而投机者的行为，每个都不一样。一些诚实的人为每一项花费付款，其他的人至少在其能力所及的范围内支付一部分款项。不过，也有一些人在交易暂停的影响下，拒绝再掏出一分钱，不过，他们也不会得到任何收益。一些经纪人之所以不付钱，是由于已经完全丧失了偿付能力；有的人拒绝付款，则是由于其业务联系变得异常脆弱，不足以支付欠款。

甚至还存在这样的人，他们将中止付款视为一种荣耀，以此来自吹自擂，甚至恬不知耻地声称自己欺骗了债主。假如这些人稍稍有点常识，就不该说出这样厚颜无耻的话……

结果，实际情况是，东印度公司的进口贸易业绩辉煌。不过，此时……光明依旧依稀难辨——人们仅了解进口的数量，却不清楚其价值。大胆的投机者（就如同我告诉你们的那样）无法看到交易的好处，仅看到了将光明遮住的乌云。

在仔细研究了从印度送来的最新业务信件后，人们得出如下结论：东印度公司进口货物的销售收入相当可观，而且创造了十分出色的收益。就这样，阴霾被驱散，阳光终于普照万物，然而，就在此时，空头们却吹响了不祥的号角：战争迫在眉睫了。

这是何其残酷的消息啊！这些交易所的破坏者们不但能够攻击将要发生的事实，还能攻击可能发生的事情。空头们预见到，在特定的条件下，联合省会发动一场战争，于他们而言，这种猜测足以成为宣告战争就要爆发的基础。虽然我对他们的预测并不意外。不过，实际上，他们竟然在战争还只是一种可能性的时候，就将其视为理所当然了……

尽管情势难分，不过，我还是要劝你对股价上涨的趋势进行投机，而非选择下跌。我因自己推荐的股票而亏了本，我认为很好的东西又让我成为穷光蛋，这一结局足以证明，我说的的确是肺腑之言。我奉劝你们做多的原因，正是由于我个人遭遇了不幸……

也许你们已经看到了，如今，股票交易已经获得重生。我请你们注意以下事实：出于对战争爆发的担心而下跌了180%的股票，在战争爆发之后，又反弹回升了100%（依据票面价值计算）……

让我特别伤心的是虚拟投机的骤然结束。要知道，很多体面的人物和众多宵小之徒，都以这种虚拟投机为生。这棵大树已经把根须深深地扎进了土壤中，因此，没有人认为这粗壮的树干会因第一场风暴的袭击就轰然倒地，也没有人会想到高高在上的价格会猛然间坠落……

实际上，悲伤就如同一股洪水，眨眼间就将名誉、梦想、财富冲得一干二净。

尤利乌斯·恺撒借助于数学家索斯哥尼斯的帮助，以连贯的太阳纪年法取代了不连贯的月亮纪年法，从而让一年变成了365天零6小时，并且，还把春分和秋分的日子固定了下来。这样一来，就一定要改变所有节日的日期，并将两个闰月加进去。因此，变换纪年法的过渡年份，一般情况下都被冠以"困惑之年"的称谓。

虚拟投机者认识到，9月1日，交易清算必须要完成。他们也希望有位天文学家可以变换季节，甚至希望9月（的结算）能被推迟到10月，希冀在此期间价格可以复苏反弹，希冀价格的回升能帮自己纾解困局。虽然他们无法保证达到此目的，不过，日历的变更却能达到这样的效果。于是，对于众多倒霉的投机者而言，这一年也是一个"困惑之年"。他们共同的心声是：如今的危机是复杂、恐怖、让人极为困惑的……

我的论述到这里就要结束了，我的心灵也因为痛苦而备受折磨。出于我们的友谊，我向你们提出请求，请你们接受我在描述这家著名的公司时所怀有的那种感情。

1594年，荷兰东印度公司（有权自组佣兵、发行货币，也是世界上第一个股份有限公司，并被获准与其他国家订立正式条约，并对该地实行殖民与统治，1799年解散）进行了首次航程。1602年，遵照荷兰议会的命令，东印度公司组成（就像我已经向你们指出的那样）。虽然与葡萄牙人、西班牙人之间有着广泛的冲突，东印度公司还是（事实上也的确）征服了很多国家，也享受着君主般的供奉……

在地图册上，人们将未知的领域用细线圈点出来，称之为"未知领域"。在股票交易所里，同样存在众多我不知道的秘密交易、运作。除非你们从新的调查中得到新发现，不然，我也可以用细线把这些秘密行动标出来，指示给你们看。作为朋友，我希望你们可以对我在表达方面的缺陷予以谅解；作为学识丰富的学者，我希望你们能针对我的错误予以批评、指正。

商人：处在我的立场上，我对你的教诲深怀感激。我对证券业持认同的态度，不过，我却对赌博深恶痛绝。我认识到，这样复杂、深奥的交易，不是我可以应对的。如果我失去了理智，希望对投机的知识多加了解，那么，对我来讲，交易所中发生的交易行为才是重要的。我或许可能成为股票持有者，并且，或许凭着一种诚实、正直的方式进行股票交易。然而，我十分确信，自己一定不会成为一名投机者……

哲学家：我的年龄太大了，因此我无法对潜在的危险视若无睹、勇敢面对，也无法接受风暴的挫折和洗礼。因此，我也会接受你的建议，坚决地持有自己的股票。在最近的价格下跌之后，我之所以能平安解脱，是由于我只想自保，不想依靠它来发财、敛钱……我得自所有哲学派系的教训就是，相比肉体，灵魂更加高贵；相比死亡，生命要更加高贵；相比不存在，存在更加高贵……

不过，就股票交易所而言，我赞同柏拉图主义者与常理相反的看法，因为相比存在，不存在的要比存在的更好。我认为，不做一个投机者是更好的事，不过，在说这话的时候，我心里想的却是真正的投机，而非诚实、正直的股票交易。因为，在善意、公正的股票交易中，公平、正义的人在投机中总是吉凶难料的……